古人有意思

吴晗·著

台海出版社

图书在版编目（CIP）数据

古人有意思 / 吴晗著. -- 北京：台海出版社，
2020.6
ISBN 978-7-5168-2619-5

Ⅰ.①古… Ⅱ.①吴… Ⅲ.①中国历史—古代史—通
俗读物 Ⅳ.①K220.9

中国版本图书馆CIP数据核字(2020)第093024号

古人有意思

著　　者：吴　晗

出 版 人：蔡　旭　　　　　　　封面设计：李　松
责任编辑：王　艳　　　　　　　选题策划：盛世云图

出版发行：台海出版社
地　　址：北京市东城区景山东街20号　　邮政编码：100009
电　　话：010－64041652（发行，邮购）
传　　真：010－84045799（总编室）
网　　址：www.taimeng.org.cn/thcbs/default.htm
E - m a i l：thcbs@126.com

经　　销：全国各地新华书店
印　　刷：河北盛世彩捷印刷有限公司
本书如有破损、缺页、装订错误，请与本社联系调换

开　　本：880毫米×1230毫米　　　　1/32
字　　数：150千字　　　　　　　印　　张：7.75
版　　次：2020年6月第1版　　　　印　　次：2020年6月第1次印刷
书　　号：ISBN 978-7-5168-2619-5

定　　价：45.00元

目 录 🎵

第四章 古人的日常生活

第一章

古人尊卑有讲究

特权阶级与礼

王冠那么重，皇帝累不累？

为了维持统治权的尊严，历代以来，都曾费心思规定了一大套生活服用的限制，某些人可以如何，某些人不可以如何。可以不可以，全凭人的身份来决定。这些决定，美其名曰礼，正史里每一套都有极其啰嗦、乏味的礼志，或者舆服志、仪卫志之类，看了叫人头痛。其实说穿了，正有大道理在。原来上帝造人，极其平等，虽然有高低肥瘦白黑美丑之不同，原则上，作为具备"人"的条件却是相同的，不管你是地主或农奴，皇帝或小兵，都有鼻子眼睛，都有牙齿耳朵，也都有两条腿，以及其他的一切。脱了衣服，大家都光着身子，一切的阶级区别便会荡然无存，没有穿衣服的光身皇帝，在大街上捡一块破蒲包，遮着身子，立刻变成叫花子。因之，一些特殊的人物为了矫正这天然的平等，便不能不用人为的方式来造成不平等，用衣服冠履，用宫室仪卫，来造成一种尊严显赫以至神秘的景象，使另外一些人感觉不同，感觉异样，以至感觉羡慕、景仰。以为统治者果然是另一种人，不敢生非分之想，一辈子，而且子子孙孙做奴才下去，如此，天下便太平了。

平心而论，做一个皇帝，戴十二旒的冕，累累赘赘地拖着许多珠宝，压得头昏脑涨，穿的又是五颜六色，多少种名目。上朝时规规矩矩坐在大殿正中死硬正方或长方的蟠龙椅上，实在不舒服。不能随便出门，见人也得板着脸孔，不能随便说笑。作为一个自由人的可爱可享乐处，他都被剥夺了。然而，他还是要耍这一套，为的是，他除开这一套，脱了衣服，他只是一个普普通通上帝所造的人。

礼乎礼乎，衣服云乎哉；礼乎礼乎，宫室云乎哉！

明白了这一点，也就可以明白如今不管什么机关，即使是什么部的、什么局的第几军需处的第几服装厂的第几针织部，门口都有一个荷枪的卫兵在守卫着的缘故了。

明白了这一点，也就可以明白古代许多陵，埋死人的坟，为什么花这么多钱的理由，也可以明白在北平在上海，阔人们的大出丧，以至公务人员每七天都要做的那一套，以至看电影前那一些不谐和的情调的由来了。

刑与礼

王子犯法与庶民同罪？都是骗人的

刑不上大夫，礼不下庶人。

大夫与庶人是两个阶级，一个是劳心者，是君子，也就是贵族；一个是劳力者，是小人，是野人，也就是老百姓，有义务而无权利的老百姓。天生着贵族是为治理小民的，该老百姓养他，天生着老百姓是做粗活的，种田锄地，饲蚕喂猪，养活贵族。

刑是法律，法律只是为着管制老百姓而设，至于贵族，那是自己人，自己人怎么可以用法律对待？"本是同根生"，共存共荣，自己人只能谈礼，除非是谋叛，那又作为别论。

贵族也会做错事，万不能照对付老百姓的办法，于是乎有八议，议什么呢？第一是议亲，第二是议故，第三是议贤，第四是议能，第五是议功，第六是议贵，第七是议宾，第八是议勤。一句话，和统治者有亲、有故、有功，都不受普通法律的制裁，亲故功都说不上，还有贵，官做大了就不会犯罪，再不，还有贤啊，能啊，勤啊，总可以说上一个，反正贤能无角无形，只要说是，谁又能反驳呢？于是乎贵人不死了。

继承尧舜禹汤文武周公孔子以及什么什么以来的道统，允执厥中的我中华民国，忝列为世界五强之一，凭的是，就是这个"道"。

而且，过去的议宾，只是很少数的例外，前朝的统治者家族早已杀光，无宾可议（只有宋朝，优待柴世宗子孙，《水浒传》上的小旋风柴进家藏免死铁券，是个例外，还有民国初年的溥仪），而现在呢，把它解释为外国使节的驻外法权，不更是为有经有据吗？

就刑不上大夫这一古代的历史事实，来了解当前的许多问题，也许不是白费精力的吧！

论皇权

皇亲国戚也有烦恼，想干政就小命不保

谁在治天下

在论社会结构里所指的皇权，照我的理解应该是治权。历史上的治权不是由于人民的同意委托，而是由于凭借武力的攫权、独占。也许我所用的"历史"两个字有语病，率直一点说，应该修正为"今天以前"。我的意思是说，在今天以前，任何朝代任何形式的治权，都是片面形式的，绝对没有经过人民的任何形式的同意。

假如把治权的形式分期来说明，秦以前是贵族专政，秦以后是皇帝独裁，最近几十年是军阀独裁。"皇权"这一名词的应用，限于第二时期，时间的意义是从公元前221年到公元1911年，有2100多年的历史。

皇权是今天以前治权形式的一种，统治人民的时间最长，所加于人民的祸害最久，阻碍社会进展的影响最大，离今天最近，因之，在现实社会里，自觉的或不自觉的毒素中得也最深。例子多得很，袁世凯不是在临死以前，还要过八十三天的皇帝瘾吗？溥仪不是在逊位之后，还在宫中做他的皇帝，后来又跑到东北，在日本卵翼之下，建立伪满洲国，做了几年康德皇帝吗？不是一直到今天，乡下人还在盼望真命天子坐龙庭，少数的城里人也还在想步袁世凯的覆辙吗？

在封建的宗法制度下，无论是贵族专政，还是皇帝独裁，或是军阀独裁，都是以家族作单位来统治的，都是以血统的关系来决定继承的原则的。一家的家长（宗主）是统治权的代表人，这一家族的荣辱升沉、废兴成败，一切的命运决定于这一个代表人的成败。在隋代有一个笑话，说是某地的一个地主，想做皇帝，招兵买马，穿了龙袍，占了一两个城市，战败被俘，在临刑时，监斩官问他，你父亲呢？说太上皇蒙尘在外。兄弟呢？征东将军死于乱军之中，征西将军不知下落。他的老婆在旁骂："都是这张嘴，闹到如此下场！"他说："皇后，崩即崩耳，世上岂有万年天子？"说完伸脖子挨刀，倒也慷慨。这一个历史故事指出为了做几天、做一两个城市的皇帝，有人愿意付出一家子生命的代价。为了这一家子的皇权迷恋，又不知道有几百千家被毁灭、屠杀。

"成则为王，败则为寇。"流氓刘邦、强盗朱温、流氓兼强盗的朱元璋，做了皇帝，建立皇朝以后，史书上不都是太祖高皇帝吗？谥法不都是圣神文武钦明启运俊德成功，或者类此的极人类好德性的字眼吗？黄巢、李自成呢？失败了。是盗，是贼，是匪，是寇，尽管他们也做过皇帝。旧史家是势利的。不过也说明了一点，在旧史家的传统概念里，军事的成败决定皇权的兴废，这一点是无可置疑的。

皇帝执行片面的治权，他代表着家族的利益，但是，并不代表家族执行统治。换言之，这个治权，不但就被治者说是片面强制的，即就治者集团说，也是独占的、片面的。即使是皇后、皇太子、皇兄皇弟，甚至太上皇、太上皇后，就对皇帝的政治地位而论，都是臣民，对于如何统治是不许参加意见的；一句话，在家庭里，皇帝也是独裁者。正面的例子，如刘邦做了皇帝，他老太爷依然是平民，叨了人的教，让刘邦想起，才尊为太上皇，除了过舒服日子以外，什么事也管不着。反面的例子，石虎的几个儿子过问政事，一个个被石虎所杀。李唐创业是李世民的功劳，虽然捧他父亲李渊做了些年皇帝，末了还是来一手逼宫，杀兄屠弟，硬把老头子挤下宝座。又如武则天要做皇帝，杀儿子，杀本家，一点也不容情。宋朝的基业是赵匡胤打的，兄弟赵匡义也有功劳，赵匡胤做皇帝年代太久了，"烛影斧声"，赵匡义以弟继兄。后来赵匡胤的长子德昭，在北征后请皇帝行赏，也只是一个建议而已，匡义大怒说，等你做皇帝，爱怎么办就怎么办！一句话逼得德昭只好自杀。从这些例子，可以充分说明皇权的独占性和片面性。权力的占有欲超越了家庭的感情，造成了无数骨肉相残的史例。

皇帝不和他的家人共治天下，那么，到底和谁共治呢？有一个著名的故事，可以答复这个问题，和皇帝治天下的是士大夫。故事的出处是宋李焘《续资治通鉴长编》卷二二一。

熙宁四年（1071）三月戊子，上召二府对资政殿……文彦博言："祖宗法制具在，不须更张以失人心。"上曰："更张法制，于士大夫诚多不悦，然于百姓何所不便？"彦博曰："为与士大夫治天下，非与百姓治天下也。"上曰："士大夫岂尽以更张为非，亦自有以为当更张者。"

这故事的意义在于，第一，辩论的两方都同意，皇权的运用是与士大夫治天下，非与百姓治天下。第二，文彦博所说的失人心，宋神宗承认是于士大夫诚多不悦，人心指的是士大夫的心。第三，文彦博再逼紧了，宋神宗就说士大夫也有赞成新法的，不是全体反对。总之，尽管双方对于如何巩固皇权——即保守的继承传统制度或改革的采用新政策——的方案有所歧异，但是，对于皇权是与士大夫治天下，皇权所代表的是士大夫的利益，绝非百姓的利益，这一基本的看法是完全一致的。

那么，为什么皇帝不与家人治天下，反而与无血统关系的外姓人士大夫治天下呢？理由是家人即使是父子兄弟夫妇，假如与皇帝治天下的话，会危害到皇权的独占性、片面性，"太阿倒持"是万万不可以的。其次，士大夫是帮闲的一群，是食客，他们的利害和皇权是一致的，生杀予夺之权在皇帝之手，作耳目，作鹰犬，六辔在握，驱使自如，士大夫愿为皇权所用，又为什么不用？而且，可以马上得天下，不能以马上治天下，马上政府是不存在的。治天下得用官僚，官僚非士大夫不可，这道理不是极为明白吗？

士大夫治天下也就是社会结构里的绅权，这问题留在论绅权时再说。

皇权有约束吗

皇权有没有被约束呢？费孝通先生说有两道防线，一道是无为政治，使皇权有权而无能。一道是绅权的缓冲，在限制皇权，使民间的愿望，能自下上达的作用上，绅权有它的重要性（这条防线不但不普遍，而且不常是有效的）。于此，我们来讨论费孝通先生所指的第一道防线。

假如费先生所指的无为政治的意义，即是上文所引的文彦博的话："祖宗法制具在，不须更张。"因承祖先的办法，不求有利，但求无弊，保守传统的政治原则，我是可以同意的。或者如另一例子，《汉书·曹参传》说他从盖公学黄老治术，相齐九年，大称贤相，萧何死，代为相国，一切事务，无所变更，都照萧何的老办法做，择郡国吏谨厚长者做丞相史，有人劝他做事，就请其喝酒，醉了完事。汉惠帝怪他不治事，他就问："你可比你父亲强？"说："差多了。""那么，我跟萧何呢？""也似乎不如。"曹参说："好了。既然他俩都比我俩强，他俩定的法度，你，垂拱而治，少管闲事；我，照老规矩做，不是很好吗？"这是无为政治典型的著例。这种思想，一直到17世纪前期，像刘宗周、黄道周一类的官僚学者，还时时以"法祖"这一名词，来劝主子恪遵祖制。假如无为政治的定义是法祖，我也可以同意的。

成问题的是无为政治并不是使皇帝有权而无能的防线。

相反，无为政治在官僚方面说，是官僚做官的护身符，不求有功，但求无过，好官我自为之，民生利弊与我何干，因循、敷衍、颟顸、不负责任等官僚作风，都从这一思想出发。一句话，无为政治即保守政治，农村社会的保守性、惰性，反映到现实政治，加上美丽的外衣，就是无为政治了（关于这一点，无为政治和农业的关系，我在另一文章农业与政治上谈到）。

在皇帝方面说，历史上的政治术语是法祖。法祖的史例很多，一类如宋代的不杀士大夫，据说宋太祖立下遗嘱"不杀士大夫"。从太祖以后，大臣废逐，最重的是过岭，即谪戍到岭南去，没有像汉朝那样朝冠朝衣赴市，说杀就杀，不是下狱，就是强迫自裁。甚至如明代的夏言正刑西市。为什么宋代特别优礼士大夫呢？因为宋代皇帝是"与士大夫治天下"的缘故。一种例如明代的东西厂和锦衣卫，两个恐怖的特务机构，卫是明太祖创设的，厂则从明成祖开头，这两个机构做的孽太多了，配说祸"国"殃民（这个"国"严格的译文是皇权），反对的人很多，当然以士大夫为主体，因为士大夫也和平民一样，在厂卫的淫威之下战栗恐惧。可是在祖制的大帽子下，这两个机构始终废除不掉。到明代中期，士大夫们不得已而求其次，用祖制来打祖制，说是祖制提人（逮捕）必须有驾帖或精微批文（逮捕状），如今厂卫任意捉人，闹得人人自危，要求恢复祖制，捉人得凭驾帖；这样，两个祖制打了架，士大夫们在逻辑上已经放弃原来的立场，默认特务可以逮捕官民，只不过要有逮捕状罢了。前一例因为与士大夫治天下，所以优礼士大夫，政治上失宠失势的不下狱、不杀头，只是放逐到气候风土特别坏的地方，让他死在那里（宋代大臣过岭生还的是例外），从而争取士大夫的支持。后一例子，时代不同了，士大夫不再是伙计，而是奴才，要骂就骂，要打就打，廷杖啦，站笼啦，抽筋剥皮，诸般酷刑，应有尽有，明杀暗杀，情况不同。一落特务之手，绝无昭雪之望，祖制反而成为残杀士大夫的工具了。

从这类例子来看，无为政治——法祖并不是使皇权有权而无能的防线。

从另一方面看，祖先的办法、史例，有适合于提高或巩固皇权的，历代的皇帝往往以祖制的口实接受运用。反之，只要他愿意做什么，就不必管什么祖宗不祖宗了。例如要加收田赋，要打内战，要侵略边境弱小民族，要盖宫殿等等，一道诏书就行了。好像明武宗要南巡，士大夫们说不行，祖宗没有到南边去玩过，不听，集体请愿，大哭大闹，明武宗发了火，叫都跪在宫外，再一顿板子，死的死，伤的伤，无为政治不灵了，年轻皇帝还是到南边去大玩了一趟。

那么，除祖宗以外，有没有其他的制度或办法来约束或防止皇权的滥用呢？我过去曾经指出，第一有敬天的观念。皇帝在理论上是天子，人世上没有比他再富于威权的人，他做的事不会错，能指出他错的只有比他更高的上帝。上帝怎么来约束他的儿子呢？用天变来警告，例如日食、山崩、海啸，以及风、水、火灾，疫疬之类都是。从《洪范》发展到诸史的五行志，从董仲舒的学说发展到刘向的灾异论，天人合一，天灾和人事相适应，士大夫们就利用这个来做政治失态的警告。但是，这着棋是不灵的，天变由你变之，坏事还是要做。历史上虽然有在天变时，做皇帝的有易服避殿素食放囚，以至求直言的诸多记载，也只是宗教和政治合一的仪式而已，对实际政治是不能发生改变的。

第二是议的制度。有人以为两汉以来，国有大事，由群臣集议，博士儒生都可发表和政府当局相反的意见，以至明代的九卿集议、清代的王大臣集议，是庶政公之舆论，是皇权的约束。其实，并不如此。第一，参加集议的都是官僚，都是士大夫。第二，官高的发言的力量愈大。第三，集议的正反结论，最后还是取决于皇帝个人。第四，议只是皇权逃避责任的一种制度，例如清代雍正帝要杀他的兄弟，怕人说闲话，提出罪状叫王大臣集议，目的达到了，杀兄弟的道德责任由王大臣集议而减轻。由此，与其说这制度是约束皇权的，毋宁说它是巩固皇权的工具。

此外，如隋唐以来的门下封驳制度、台谏制度，在官僚机构里，用官僚代表对皇帝诏令的同意副署，来完成防止皇权滥用的现象，一切皇帝的命令都必须经过中书起草、门下审核封驳、尚书实行的连锁行政制度，只存在于政治理论上，存在于个别事例上。所谓"不经凤阁鸾台，何谓为敕？"诏令不经过中书、门下的，不发生法律效力。可是，说这话的人，指斥这手令（墨敕斜封）政治的人，就被这个手令所杀死，不正是对这个制度的现实讽刺吗？又如谏官，职务是对人主谏诤过举，听不听是绝无保证的。传说中龙逄、比干谏而死，是不受谏的例，史书上的魏征、包拯直言进谏，英明的君主如唐太宗、宋仁宗明白谏官的用意是为他好，有受谏的美名，其实，不受谏的史例更多。谏诤的目的在于维护政权的持续，说是忠君爱主，其实也就是爱自己的官位财产，因为假如这个皇权垮了，他们这一集团的士大夫也必然同归于尽也。

从上文的说明，所得到的结论，皇权的防线是不存在的。虽然在理论上、在制度上，曾经有过一套以巩固皇权为目的的约束办法，但是，都没有绝对的约束力量。

　　假如从另一角度来看，上文所说的这一些，也许正是费孝通先生所说的绅权的缓冲。不同的是我所指的这一些并不代表民间的愿望，至多只能说是士大夫的愿望，其方向也不是由下而上的，而是皇权运用的一面。这些约束不但不普遍，而且是常常无效的。

历史上的君权的限制

皇帝发圣旨，也得走程序

近四十年来，坊间流行的教科书和其他书籍，普遍的有一种误解，以为在民国成立以前，几千年来的政体全是君主专制的，甚至全是苛暴的、独裁的、黑暗的，这话显然有错误。在革命前后持这论调以攻击君主政体，固然是一个合宜的策略，但在现在，君主政体早已成为历史陈迹的现在，我们不应厚诬古人，应该平心静气地还原其本来的面目。

过去两千年的政体，以君主（皇帝）为领袖，用现代话说是君主政体，固然不错，说全是君主专制却不尽然。至少除开最后明清两代的六百年，以前的君主在常态上并不全是专制。苛暴的、独裁的、黑暗的时代，历史上虽不尽无，但都可说是变态的、非正常的现象。就政体来说，除开少数非常态的君主个人的行为，大体上说，一千四百年的君主政体，君权是有限制的，能受限制的君主被人民所爱戴。反之，他必然会被倾覆，破家亡国，人民也陪着遭殃。

就个人所了解的历史上的政体，至少有五点可以说明过去的君权的限制，第一是议的制度，第二是封驳制度，第三是守法的传统，第四是台谏制度，第五是敬天法祖的信仰。

国有大业，取决于群议，是几千年来一贯的制度。春秋时子产为郑国执政，办了好多事，老百姓不了解，大家在乡校里纷纷议论，有人劝子产毁乡校，子产说，不必，让他们在那里议论吧，他们的批评可以作我施政的参考。秦汉以来，议成为政府解决大事的主要方法，在国有大事的时候，君主并不先有成见，却把这事交给廷议，廷议的人员包括政府的高级当局如丞相、御史大夫及公卿、列侯、二千石以至下级官如议郎、博士以及贤良、文学。谁都可以发表意见，这意见即使是恰好和政府当局相反，可以反复辩论不厌其详，即使所说的话是攻击政府当局。辩论终了时理由最充分的得了全体或大多数的赞成（甚至包括反对者），成为决议，政府照例采用作为施政的方针。例如汉武帝以来的监铁榷酤政策，政府当局如御史大夫桑弘羊及丞相等官都主张继续专卖，民间都纷纷反对，昭帝时令郡国举贤良、文学之士，问以民所疾苦，教化之要。皆对曰，愿罢监铁榷酤均输官，无与天下争利。于是政府当局以桑弘羊为主和贤良、文学互相诘难，词辩云涌，当局几为贤良、文学所屈，于是诏罢郡国榷酤关内铁官。宣帝时桓宽推衍其议为《盐铁论》十六篇。又如汉元帝时珠崖郡数反，元帝和当局已议定，发大军征讨，待诏贾捐之上疏独以为当罢郡，不必发军。奏上后，帝以问丞相、御史大夫，丞相以为当罢，御史大夫以为当击，帝卒用捐之议，罢珠崖郡。又如宋代每有大事，必令两制侍从诸臣集议，明代之内阁六部都察院通政司六科诸臣集议，清代之王大臣会议，虽然与议的人选和资格的限制，各朝不尽相同，但君主不以私见或成见独断国家大政，却是历朝一贯相承的。

封驳制度概括地说，可以分作两部分。汉武帝以前，丞相专决国事，权力极大，在丞相职权以内所应做的事，虽君主也不能任意干涉。武帝以后，丞相名存职废，光武帝委政尚书，政归台阁，魏以中书典机密，六朝则侍中掌禁令，逐渐衍变为隋唐的三省——中书、门下、尚书——制度。三省的职权是中书取旨，门下封驳，尚书施行。中书省有中书舍人掌起草命令，中书省在得到君主同意或命令后，就让舍人起草，舍人在接到词头（命令大意）以后，认为不合法的便可以缴还词头，不给起草。在这局面下，君主就得改换主意。如坚持不改，也还可以第二次第三次发下，但舍人仍可第二次第三次退回，除非君主罢免他的职务，否则，还是拒绝起草。著例如宋仁宗时，富弼为中书舍人封还刘从愿妻封遂国夫人词头。门下省有给事中专掌封驳，凡百司奏钞，侍中审定，则先读而署之，以驳正违失，凡制敕宣行，大事覆奏而请施行，小事则署而颁之，其有不便者，涂窜而奏还，谓之涂归。著例是唐李藩迁给事中，制有不便，就制尾批却之，吏惊请联他纸，藩曰，联纸是牒，岂得云批敕耶。这制度规定君主所发命令，得经过两次审查。第一次是中书省专主起草的中书舍人，他认为不合的可以拒绝起草。舍人把命令草成后，必须经过门下省的审读，审读通过，由给事中签名副署，才行下到尚书省施行。如被封驳，则此事便当作为罢论。这是第二次也是最后一次的审查。如两省官都能称职，坚定地执行他们的职权，便可防止君主的过失和政治上的不合法行为。从唐到明这制度始终为政府及君主所尊重，在这个时期内君权不但有限制，而且其限制的形式，也似乎不能为现代法西斯国家所接受。

　　法有两种，一种是成文法，即历朝所制定的法典，一种是不成文法，即习惯法，普通政治上的相沿传统属之。两者都可以纲纪政事，维持国本，凡是贤明的君主必得遵守。不能以喜怒爱憎，个人的感情来破法坏法。即使有特殊情形，也必须先经法的制裁，然后利用君主的特赦权或特权来补救。著例如汉文帝的幸臣邓通，在帝旁有怠慢之礼，丞相申屠嘉因言朝廷之礼不可以不肃，罢朝坐府中檄召通到丞相府，不来且斩。通求救于帝，帝令诣嘉，免冠顿首徒跣谢。嘉谓小臣戏殿上，大不敬当斩，吏今行斩之。通顿首，首尽出血不解。文帝预料丞相已把他困辱够了，才遣使向丞相说情，说这是我的弄臣，请你特赦他。邓通回去见皇帝，哭着说丞相几杀臣。又如宋太祖时有群臣当迁官，太祖素恶其人，不与，宰相赵普坚以为请，太祖怒曰，朕固不为迁官，卿若之何！普曰，刑以惩恶，赏以酬功，古今通道也，且刑赏天下之刑赏，非陛下之刑赏，岂得以喜怒专之。太祖怒甚起，普亦随之，太祖入宫，普立于宫门口，久久不去，太祖卒从之。又如明太祖时定制，凡私茶出境，与关隘不讥者，并论死，驸马都尉欧阳伦（伦妻安庆公主为马皇后所生）以贩私茶依法赐死。类此的传统的守法精神，因历代君主的个性和教养不同，或由于自觉，或由于被动，都认为守法是做君主的应有的德性，君主如不守法则政治即失常轨，臣下无所准绳。亡国之祸，跷足可待。

　　为了使君主不做错事，能够守法，历朝又有台谏制度。一是御史台，主要的职务是纠察官邪，肃正纲纪，但在有的时代，御史亦得言事。谏是谏官，有谏议大夫左右拾遗、补阙及司谏正言等官，分属中书、门下两省（元废门下，谏职并入中书，明废中书，以谏职归给事中兼领）。台谏以直陈主失，尽言直谏为职业，批龙鳞，捋虎须，如沉默不言，便为失职。史记唐太宗爱子吴王恪好畋猎损居人田苗，侍御史柳范奏弹之。太宗因谓侍臣曰，权万纪事我儿，不能匡正，其罪合死。范进曰，房玄龄事陛下，犹不能谏止畋猎，岂可独坐万纪乎？又如魏征事太宗，直言无所避。若谏取已受聘女，谏作层观望昭陵，谏怠于受谏，谏作飞仙宫，太宗无不曲意听从，肇成贞观之治。宋代言官气焰最盛，大至国家政事，小至君主私事无不过问。包拯论事仁宗前，说得高兴，唾沫四飞，仁宗回宫告诉妃嫔说，被包拯唾了一面。言官以进言纠箴为尽职，人君以受言改过为美德。这制度对于君主政体的贡献可说很大。

两汉以来，政治上又形成了敬天法祖的信条，敬天是适应自然界的规律，在天人合一的政治哲学观点上，敬天的所以育人治国。法祖是法祖宗成宪，大抵开国君主的施为，因时制宜，着重在安全秩序保持和平生活。后世君主，如不能有新的发展，便应该保守祖宗成业，不使失坠；这一信条，在积极方面说，固然是近千年来我民族颓弱落后的主因，但在消极方面说，过去的台谏官却利用以劝告非常态的君主，使其安分，使其不做意外的过举。因为在理论上君主是最高的主宰，只能抬出祖宗，抬出比人君更高的天来教训他，才能措议，说得动听。[①]此类的例子不可胜举，

---

① 此处意义费解。原文如此，姑依之。编者注。

例如某地闹水灾或旱灾，言官便说据五行水是什么，火是什么，其灾之所以成是因为女谒太盛，或土木太侈，或奸臣害政，君主应该积极采取相对的办法斥去女谒，罢营土木，驱诛奸臣，发赈救民。消极的应该避殿减膳停乐素服，下诏引咎求直言以应天变。好在大大小小的灾异，每年各地总有一些，言官总不愁无材料利用，来批评君主和政府。再不然便引用祖宗成宪或教训，某事非祖宗时所曾行，某事则曾行于祖宗时，要求君主之改正或奉行。君主的意志在这信条下，多多少少为天与祖宗所束缚，不敢做逆天或破坏祖宗成宪的事。两千年来只有一个王安石，他敢说"天变不足畏，祖宗不足法，人言不足恤"，除他以外，谁都不敢说这话。

就上文所说，国有大事，君主无适无莫，虚心取决于群议。其命令有中书舍人审核于前，有给事中封驳于后，如不经门下副署，便不能行下尚书省。其所施为必须合于法度，如有违失，又有台谏官以近臣之地位，从中救正，或谏止于事前，或追论于事后。人为之机构以外，又有敬天法祖之观念，天与祖宗同时为君权之约束器。在这样的君主政体下，说是专制固然不尽然，说是独裁，尤其不对，说是黑暗或苛暴，以政治史上偶然的畸形状态，加上于全部历史，尤其不应该。就个人所了解，六百年以前的君权是有限制的，至少在君主不肯受限制的时候，还有忠于这个君主的人敢提出指责，提出批评。近六百年来，时代愈进步，限制君权的办法逐渐被取消，驯至以桀纣之行，文以禹汤文武之言，诰训典谟，连篇累牍，"朕即国家"和西史暴君同符。历史的覆辙，是值得读史的人深切注意的。

论绅权

古代"绅士"与皇帝的关系

"绅权固当务之急矣!"

前几天,读到胡绳先生的《梁启超及其保皇党思想》(《读书与出版》第三卷第三期)。他指出梁启超是主张"兴绅权"的人,以兴绅权为兴民权的前提:

受"甲午之战"失败的刺激,又受"维新运动"宣传的影响,湖南省出现了一批新的绅士,他们企图以一省为单位实行一些新政,达到省自治的目的,以便在全国危亡时,一省还可自保。这样的想法在当时各省的绅士门阀中都有,不过在湖南,因地方长官同情卵翼这些想法,所以特别发达。梁启超入湘后,除办时务学堂外,又和当地绅士合组南学会。康有为这时仍全神贯注于向皇帝上书,而梁启超则展开了在湖南绅士中的工作。他甚至鼓吹"民权",但他说的却是:"欲兴民权,宜先兴绅权;欲兴绅权,宜以学会为之起点。"又说:"绅权固当务之急矣,然他日办一切事舍官莫属也。即今日欲开民智，开绅智，欲假手于官力者尚不知凡几也。"（《上陈宝箴书》）——由此可见，他的想法是在官僚的支持下建立地方绅士的权力，这就是他的"民权"思想。

这一段话不但清理出五十年前梁启超的绅权论，也指出五十年前一般绅士对救亡维新的看法。其要在"欲兴民权，宜先兴绅权（开绅智）；欲兴绅权，宜以学会为之起点"。结论是学会为兴民权之起点的起点，而办这些事，欲假手于官力者不知凡几也。

梁启超先生本人是当时的绅士，他看绅权和民权是两件事，绅权和官权则是一件事，无论就历史的或现实的意义说，都是正确的。

五十年前的保皇党，五十年后的自由主义者，何其相似到这步田地？历史是不会重演的，绅权也无从兴起，即使有更多的"援"，更多的"货"，也还是不相干！

"为与士大夫治天下"

官僚、士大夫、绅士，是异名同体的政治动物，士大夫是综合名词，包括官僚、绅士两专名。官僚、绅士必然是士大夫，士大夫可以指官僚说，也可以指绅士说。官僚是士大夫在官时候的称呼，而绅士则是官僚离职、退休、居乡（当然居城也可以），以至未任官以前的称呼。例如梁启超以举人身份，在办学堂、办报、办学会，非官非民，可以做官，或将要做官。而且，已经脱离了平民身份，经常和官府来往，可以和官府合作。

绅士的身份是可变的，有尚未做官的绅士，有做过多年官的绅士，也有做过了官的绅士，免职退休，不甘寂寞，再去做官的。做过大官的是大绅士，做过小官的是小绅士，小官可以爬到大官，小绅士也有希望升成大绅士，自己即使官运不亨，还可指望下一代。不但官官相护，官绅也相护，不只因为是自己人，还有更复杂的体己利害关系。譬如绅士的父兄亲党在朝当权，即使不是权臣而是御史之类有弹劾权的官咧。更糟的是居乡的宰相公子公孙，甚至老太爷、老岳丈，一纸八行，可以摘掉地方官的印把子，这类人不一定做过官，甚至不一定中过举，一样是大绅士。至于秀才、举人、进士之类，眼前虽未做官，可是前程远大，十年八年内难保不做巡方御史，以至顶头上司，地方官是绝不敢怠慢的。《儒林外史》上范进中举后的情形，便是绝好的例子。

因此，与其说，绅士和地方官合作，不如说地方官得和绅士合作。在通常的情形下，地方官到任以后的第一件事，是拜访绅士，联欢绅士，要求地方绅士的支持。历史上有许多例子指出，地方官巴结不好绅士，往往被绅士们合伙告掉，或者经由同乡京官用弹劾的方式把他罢免或调职。

官僚是和绅士共治地方的。绅权由官权的合作而相得益彰。

贪污是官僚的第一德性，官僚要如愿地发扬这德性，其起点为与绅士分润，地方自治事业如善堂、积谷、修路、造桥、兴学之类有利可图的，照例由绅士担任；属于非常事务的，如办乡团、救灾、赈饥、丈量土地、举办捐税一类，也非由绅士领导不可，负担归之平民，利益官绅合得。两皆欢喜，离任时的万民伞是可以预约的。

上面所说的地方自治事业，和现代所谓"自治"意义不同，不容混为一谈。而且，这类事业名义上是为百姓造福，实质上是为官僚绅士聚财，假使确曾有一丝丝利及平民的话，那也只是漏出来的涓滴而已。现代许多管税收的衙门墙上四个大字"涓滴归公"，正确的解释是只有一涓一滴归公，正和这个情形一样。

往上更推一层，绅士也和皇权共治天下。

绅权和皇权的关系，即士大夫的政治地位在历史上的变化，大体上可以分三个时期，第一时期从秦到唐，第二时期从五代到宋，第三时期从元到清。当然这只是大概的划分，并不包含有绝对的年代意义。

具体的先从君臣的礼貌来说吧，在宋以前，有三公坐而论道的说法，贾谊和汉文帝谈话，不觉膝之前席，可见都是坐着的。唐初的裴监甚至和高祖共坐御榻，十八学士在唐太宗面前也都还有坐处。可是到宋朝，便不然了，从太祖以后，大臣在皇帝面前无坐处，一坐群站，三公群卿立而论政了。到明清，不但不许坐，站着都不行，得跪着奏事了，清朝大官上朝得穿特制的护膝，怕跪久了吃不消。由坐而站而跪，说明了三个时期君臣的关系，也说明了绅权的逐步衰落和皇权的节节提高。

从形式再说到本质。

前一时期的典型例子是魏晋六朝的门阀制度。

汉代的若干世宦家族，如关西杨氏、汝南袁氏之类，四世三公，门生故吏遍天下，庄园遍布州县，奴仆数以千计，有雄厚的经济基础。在黄巾动乱时代，地方豪族如孙策、马超、许褚、张辽、曹操之类，为了保持土地和特殊权益，组织地主军队保卫乡里，造成力量，有部曲，有防区，小军阀投靠大军阀，三个大军阀三分天下，这两类家族也就占据高位，变成高级官僚了。大军阀做了皇帝，这些家族原是共建皇业的，利害共同，在九品中正的选举制度下，"上品无寒门，下品无士族"，大官位为这些家族所独占。东晋南渡，司马家和王、谢等家到了建康，东吴的旧族顾、陆、朱、张诸家虽然是本地高门，因为是亡国之余，就吃了亏，在政治地位上屈居第二等。这些高门世执国政，王、谢子弟更平步以至公卿，到刘裕以田舍翁称帝，陈霸先更是寒人，在世族眼光里，皇家只是暴发户，朝代尽管改换，好官我自为之。士大夫集团有其传统的政治社会经济以至文化地位，非皇权所能增损，绅权虽然在侍候皇权——因为皇帝有军队——目的在以皇权来发展绅权，支持绅权。经隋代两帝的有意摧残，取消九品中正制，取消长官辟举僚属办法，并设进士科，用公开的考试制度，以文字来代替血统任官。但是，文字教育还是要钱买的，大家族有优越的经济地位、人事关系，唐朝三百年的宰相，还是被二十个左右的家族所包办。

门阀制度下的绅权有历史的传统，有庄园的经济基础，有包办选举的工具，甚至有依门第高下任官的制度，有依族姓高下缔婚的风气，高门华阀成为一个利害共同的集团。并且，公卿子弟熟习典章制度，治国（办例行公事）也非他们不可。在这情形下，绅权是和皇权共存的，只有两方合作才能两利。而且，皇帝人人可做，只要有军力便行。士大夫却不然，寒人门役要成为士大夫，等于骆驼穿针孔，即使有皇帝手令帮忙，也还是办不到。何事非君，绅权可以侍候任何一姓的皇权，一个拥有大军的军阀，如得不到士大夫的支持，却做不了皇帝。

考试制度代替了门阀制度，真正发挥作用是10世纪的事。

经过甘露之祸、白马之祸，多数的著名家族被屠杀。经过长期的军阀混战，五代乱离，幸存的士族失去了庄园，流徙各地，到唐庄宗做皇帝，要选懂朝廷典故的旧族子弟做宰相都很不容易了。宋太祖太宗只好扩大进士科名额（唐代每科平均不过三十人，宋代多至千人）。用进士来治国，名额宽，考取容易，平民出身的进士在数量上压倒了残存的世族。进士一发榜即授官，进士出身的官僚绅士和皇权的关系是伙计和掌柜，掌柜要买卖做得好，得靠伙计卖劲，宋朝家法优礼士大夫，文彦博说为与士大夫共治天下，正是这个道理。

和前一时期不同的，前期的世族子弟有了庄园，才能中进士做官，再去扩大庄园。这时期呢，做了官再置庄园，名臣范仲淹置苏州义庄，派儿子讨租，讨得几船谷子便是好例子。

更应该注意的是印刷术发明了，得书比较容易，书籍的流通比较普遍，知识也比较不为少数家族所囤积独占，平民参加考试的机会增加了；"遗金满籯，不如教子一经"。念书，考进士，做官，发财，"万般皆下品，唯有读书高"。"天子重英豪，文章教尔曹"。政府的提倡，社会的鼓励，做官做绅士得从科举出身，竭一生的聪明才智去适应科举，"天下英雄入我彀中"，皇权永固，官爵恩泽，出于皇帝，士大夫不能不为皇帝所用，共存谈不上，共治也将就一下了。皇家是士大夫的衣食饭碗，非用全力支持不可，士大夫是皇家的管家干事，俸禄从优，有福同享，君臣间的距离不太近，也不太远，掌柜和伙计间的恩意是密切照顾到的。

从共存到共治已经江河日下了。元明清三代连共治也说不上，从合伙到做伙计，猛然一跌，跌作卖身的奴隶，绅权成为皇权的奴役了。

蒙古皇朝以马上得天下，也以马上治天下，军中将帅就是朝廷的官僚，军法施于朝堂，朝官一有过错，一顿棍子板子鞭子，挨不了被打死，侥幸活着照样做官。明太祖革了元朝的命，学会了这一套，殿廷杖责臣僚，叫作"廷杖"，在历史上大大有名。光打还不够，有现任官僚足办事的，有戴斩罪办事的。不但礼貌谈不上，连生命都时刻在死亡的威胁中。皇帝越威风，士大夫越下贱，要不做官吧，有官法硬给绑出去，非做不可，再不干，便违反了皇章，"士不为君用"，得杀头。君臣的关系一变而为主奴，说是主奴吧，连起码的主子对奴才的照顾也不存在的。前朝的旧家巨室被这个党案、那个逆案给扫荡光了，土地财产被没收。老绅士绝了种，用八股文所造成的新绅士来代替，新绅士是从奴化教育里成长的，不提反抗，连挨了打都是"恩谴"，削职充军，只要留住脑袋便感谢圣恩不尽，服服帖帖，比狗还听话。到清朝，旗人对皇帝自称奴才，汉官连自称奴才的资格也不够，不但见皇帝得跪，连见同事的王爷贝勒也得跪。到西方强国来侵掠，打了几次败仗，订结了多少次屈辱条约以后，皇权动摇，洋权日盛，对皇权的自卑被洋人所代替，结果是洋权控制了皇权，洋教育代替了八股，旧士大夫改装为知识分子以及自由主义者，出奴入主，要说说洋人所说的话，要听听国外的舆论，要做做外国人所示意的，在被谴责被训斥之后，还得赔笑脸，以兴绅权为兴民权之起点，办报纸，立学会，假手于官力，为自己找"新路"，这些绅士除了服装以外，面貌是和五十年前那些人一模一样的。

绅权在历史上的三变，从共存到共治，降而为奴役，真是一代不如一代。历史说明了两千年来绅权的没落和必然的淘汰。梁启超的时代过去了,我们今天来研究这一五十年前被提出的课题,不但很有趣,也是很重要的。

　　关于历史上绅士所享受的特权,将在另一文中讨论。

再论绅权

士绅特权大，平民逆袭困难

士庶之别

唐代柳芳论魏晋以来的士族——绅士家族——在政治上的特权说：

> 魏氏立九品，置中正，尊世胄（世代做官的），卑寒士（祖先不曾做过官的），权归右姓（大家族）已。其州大中正、主簿，郡中正、功曹，皆取著姓士族为之，以定门胄，品藻人物……其别贵贱，分士庶，不可易也。①

士族的成立是由世代做官而来的，凡三世有三公的称为膏粱，有尚书、中书令仆（射）的为华腴，祖先做过领（军）、护（军）而上的为甲姓，九卿和方伯的为乙姓，散骑常侍、大中大夫的为丙姓，吏部正员郎为丁姓，统称四姓，也叫右族。

_____

① 《新唐书》卷一九九，《柳冲传》。

就个别的绅士家族而论，士族南渡的为侨姓，王、谢、袁、萧是大族；东南土著叫吴姓，朱、张、顾、陆最大；山东为郡姓，王、崔、卢、李、郑是大族；关中的郡姓以韦、裴、柳、薛、杨、杜最著名；代北为虏姓，如元、长孙、宇文、于、陆、源、窦等家族都是。从4世纪到10世纪大约七百年间，中国的政治舞台被这三十个左右的绅士家族所独占。

士族子弟做官依族姓门第高下，有一定的出身，甲族子弟二十岁便任官。后门则须满三十岁才能考试做小官。①名家有国封的，初出仕便拜员外散骑侍郎。②谢景仁到三十岁才做著作佐郎，有人替他抱屈说，司马庶人父子怎么能不垮？谢景仁这样人三十岁才做这个官！③甚至同一家族，还分高下，王家有乌衣诸王和马粪诸王两支，马粪王是甲族，甲族是不做台宪官的；王僧虔做御史中丞，自己解嘲说，这是乌衣诸郎的坐处，我将就做一下。④至于做郎官的，那更是绝少的事。⑤

北魏孝文帝曾和廷臣辩论士庶任官的典制。

孝文帝问："近世高卑出身，各有常分，此果如何？"

李冲对："未审上古以来，张官列位，为膏粱子弟乎？为致治乎？"

孝文帝："当然是为致治。"

李冲："然则陛下何为专取门品，不拔才能乎？"

---

① 参见《南史》卷六，《梁武帝纪》。
② 参见《南史》卷二十，《谢弘微传》。
③ 参见《南史》卷十九，《谢景仁传》。
④ 参见《南史》卷二十二，《王僧虔传》。
⑤ 参见《南史》卷二十二，《王筠传》。

孝文帝："苟有过人之才，不患不知。然君子之门，借使无当世之用，要自德行纯笃，朕故用之。"

李冲："傅说、吕望，岂可以门第得之？"

孝文帝："非常之人，旷世乃有一二耳。"

秘书令李彪："陛下若专取门第，不审鲁之三卿，孰若四科？"

著作佐郎韩显宗："陛下岂可以贵袭贵，以贱袭贱？"

孝文帝："必有高明卓然、出类拔萃者，朕亦不拘此制。"

不久，刘昶入朝。

孝文帝告诉刘昶："或言唯能是寄，不必拘门，朕以为不尔。何者？清浊同流，混齐一等，君子小人，名器无别，此殊为不可。我今八族以上士人，品第有九，九品之外，小人之官复有七等。若有其人，可起家为三公。正恐贤才难得，不可止为一人浑我典制也。"[①]

这段谈话说明士庶在政治上的相对地位，士是君子，是清流，是德行纯笃的。庶人呢，是小人，是浊流，是要不得的。要维持治权，就得士庶有别，使之高卑出身，各有常分。

其次，士族都是大地主、大庄园的占有者。大量土地的取得手段是兼并，官僚资本转变为土地资本。更重要的方式是无条件的占领，非私人的产业如山林湖沼，豪强的绅士径自封占，据为己有，这情形到处都是，皇权被损害了，严立法禁，不许绅士强占，可是绅士集团不理会，政府没办法，妥协了，采分赃精神，依官品立格，准许绅士有权按照官品高下封山占水，下面一段史

---

① 《资治通鉴》卷一四〇。

料说明了5世纪中期的情形：

> 扬州刺史西阳王子尚上言：山湖之禁，虽有旧科，人俗相因，替而不奉，爁山封水，保为家利。自顷以来，颓弛日甚，富强者兼岭而占，贫弱者薪苏无托。至渔采之地，亦又如兹。斯实害理之深弊，为政所宜去绝，损益旧条，更申恒制。

子尚是皇族，代表皇家利益要求重申禁令，政府当局根据壬辰诏书所立法制，占山护宅强盗律论，赃一丈以上皆弃市，尚书右丞羊希以为：

> 壬辰之制，其禁严刻，事既难遵，理与时弛，而占山封水，渐染复滋，更相因仍，便成先业。一朝顿去，易致嗟怨。今更刊革，立制五条：凡是山泽，先恒爁燺，养种竹木杂果为林苈，及陂湖江海鱼梁鳝𩾃场，恒加功修作者，听不追夺。官品第一第二听占山三顷，第三、第四品二顷五十亩，第五、第六品二顷，第七、第八品一顷五十亩，第九品及百姓一顷。皆依定格，条上赀薄。若先已占山，不得更占；先占阙少，依限占足。若非前条旧业，一不得禁。有犯者，水土一尺以上，并计赃依常盗律论。停除咸康二年壬辰之科。从之。[1]

即承认过去的封占为合法，并规定各官品的封占限额。皇权向绅权屈服了，绅士由政治的独占侵入经济，享有封山占水的特权。

此外，士族还有不服兵役的特权。[2]

---

[1] 《南史》卷三十六，《羊玄保传》。
[2] 参见《南史》卷三十四，《沈怀文传》。

士大夫和寒人

士族是一个特殊的阶级，不但严格讲求谱系阀阅、郡望房次、官位爵邑，来保证朝廷官位的占有，并且严格举行同阶层的通婚，用通婚来加强右族的团结。当时寒人要加入这个集团，比登天还难。随便举几个例子，如宋文帝时的要官秋当、周赳，不见礼于同官张敷，《南史》卷三十二《张敷传》：

敷迁正员中书郎……中书舍人秋当、周赳并管要务，以敷同省名家，欲诣之。赳曰："彼若不相容接，便不如勿往，讵可轻行？"当曰："吾等并已员外郎矣，何忧不得共坐。"敷先旁设二床，去壁三四尺。二客就席，敷呼左右曰："移我远客！"赳等失色而去。

徐爰被拒交于王球、殷景仁：

中书舍人徐爰有宠于上，上尝命王球及殷景仁与之相知。球辞曰："士庶区别，国之章也，臣不敢奉诏。"上改容谢焉。[1]

蔡兴宗不礼王道隆，王昙首见秋当不命坐，王球拒接弘兴宗：

齐明帝崩……右军将军王道隆任参国政，权重一时，蹑履到兴宗前，不敢就席，良久方去，竟不呼坐。元嘉初，中书舍人秋当诣太子詹事王昙首，不敢坐。其后中书舍人弘兴宗为文帝所爱遇，上谓曰："卿欲作士人，得就王球坐，乃当判耳。殷、刘并杂，无所益也。若往诣球，可称旨就席。"及至，球举扇曰："君不得尔！"弘还，依事启闻。帝曰："我便无如此何！"[2]

---

[1] 《南史》卷二十三，《王球传》。

[2] 《南史》卷二十九，《蔡兴宗传》。

纪僧真要做士大夫，被拒于江敩：

> 永明七年（489）侍中江敩为都官尚书。中书舍人纪僧真得幸于上，容表有士风。请于上曰："臣出于本县武吏（《南史》作臣小人出自本县武吏），邀逢圣时，阶荣至此，为儿昏得荀昭光女，即时无所复须。唯就陛下乞作士大夫。"上曰："此由江敩谢瀹，我不得措意，可自诣之。"僧真承旨诣敩，（登榻）坐定，敩便命左右曰："移吾床远客。"僧真丧气而退，告武帝曰："士大夫故非天子所命。"①

南朝中书舍人关讄表启，发署诏敕，为天子亲信，权倾天下，最是一时要官。历来多用寒人武吏。②虽然地要权重，有的还承皇帝特敕，要求和士大夫交游，可是，都被拒绝了。士庶不但有别，而且，士族深闭固拒，绝对不给寒人以礼貌，更不必说准许寒人参加士大夫集团了。

在朝廷如此，在地方也是一样，最著名的例子是庾荜父子，庾荜拒邓元起做州从事：

> 荜为荆州别驾……初梁州人益州刺史邓元起功勋甚著，名地卑琐，愿名挂士流。时始兴忠武王憺为州将，元起位已高，而解巾不先州官，则不为乡里所悉。元起乞上籍出身州从事，憺命荜用之，荜不从，憺大怒，召荜责之曰："元起已经我府，卿何为苟惜从事？"荜曰："府是尊府，州是荜州，宜须品藻。"憺不能折，遂止。

庾乔又拒范兴话做州主簿：

> 乔复仕为荆州别驾。时元帝为荆州刺史，而州人范兴话以寒

---

① 《资治通鉴》卷一三六；《南史》卷三十六，《江敩传》。
② 参见《南史》卷六十，《傅昭传》；卷七十七，《恩幸传序》。

贱仕叨九流，选为州主簿，又皇太子令及之，故元帝勒乔听兴话到职。及属元日，州府朝贺，乔不肯就列，曰："庾乔忝为端右，不能与小人范兴话为雁行。"元帝闻，乃进乔而停兴话。兴话羞惭，还家愤卒。①

寒人处处碰壁，被摒于士大夫集团之外，只有两条路可走，一条是以才力得主知，挤到要地，做要官，却做不了大官、清流官。一条路是从军，用战功用武力来抢地盘，进一步抢政权，篡位做皇帝，如刘裕和陈霸先，前者是田舍翁，后者是寒人，便是著例。

寒人被抑勒出清流之外，和寒人有同样情况，庶人中的工商，凭借雄厚的财力，操奇计赢，长袖善舞，要进一步保障既得利益和发展业务，也用尽一切手段，挤进政治舞台来了。绅士们感觉威胁，一致抗拒，运用政治权力，限制工商出仕，抑勒工商不入流品，工商任官的只能任低级官。如公元477年的法令：

北魏太和元年（477），诏曰：工商皂隶，各有厥分，而有司纵滥，或染流俗（流俗，《北史》作清流）。自今户内有工役者，官止本部丞，若有勋劳者，不从此制。②

到隋文帝开皇十六年（596）更下诏制定，工商不得仕进。③唐制工商杂类不得预于仕伍④，"依选举令：官人身与同居大功以上亲，自执工商，家专其业者不得仕。其旧经职任，因此解黜，后

---

① 《南史》卷四十九，《庾荜传》。
② 《资治通鉴》卷一三四。
③ 参见《资治通鉴》卷一七八。
④ 参见《旧唐书》卷四十八，《食货志》上；卷四十三，《职官志》。

能修改，必有事业者，三年以后听仕。其三年外仍不修改者，追
毁告身，即依庶人例。"[1]则不但工商不能入仕，连已入仕的官人同
居大功以上亲也不许经营工商业了。

① 《唐律疏议》四，《诈伪》。

明代之农民

农民赋税沉重，受到层层剥削

一

按照职业的区分，明代的户口有民户、军户、医户、儒户、灶户、僧户、道户、匠户[①]、阴阳户[②]、优免户、女户、神帛堂户[③]、陵户、园户、海户、庙户[④]……之别。户有户籍、户帖：

> 洪武三年（1370）十一月辛亥核民数给以户帖。户部制户籍户帖，各书其户之乡贯丁口名岁，合籍与帖，以字号编为勘合，识以部印，储藏于部，帖给之民。仍令有司岁计其户口之登耗，类为籍册以进，著为令。[⑤]户籍藏于户部，户帖给民收执。"父子相承，徭税

---

① 《弘治会典》卷一一。
② 《弘治会典》卷二〇，引《大明令》。
③ 《明史》卷二八一，《庞嵩传》。
④ 《明史》卷七八。
⑤ 《明太祖实录》卷五八。

以定。"①令有司各户比对，不合者遣戍，隐匿者斩，男女田宅，备载于后。②若诈冒避免，避重就轻者杖八十，其官司妄准脱免，及变乱版籍者罪同。③洪武十四年（1381）改为赋役黄册，以一百十户为一里，推丁粮多者十户为长，余百户为十甲，甲凡十人，岁役里长一人，甲首一人，董一里一甲之事，先后以丁粮多寡为序，凡十年一周曰排年。在城曰坊，近城曰厢，乡都曰里。里编为册，册首总为一图，鳏寡孤独不任役者，附十甲后为畸零，僧道给度牒，有田者编册如民科，无田者亦为畸零。每十年有司更定其册，以丁粮增减而升降之。册凡四，一上户部，其三则布政司、府、县各存一焉。上户部者，册面黄纸，故谓之黄册。……其后黄册只具文，有司征税编徭，则自为一册，曰白册云。④

各色户口中占绝大多数的是民户，民户中占绝大多数的是农民。（也可以说民户即指农民，一小部分的小商也包括在内。曾任官吏的则另别为宦户。）其次是军户和匠户。民由有司，军由卫所，匠由工部管理。⑤农民人数最多，和土地的关系最密切，对国家的担负也最重。他们的生活也最值得我们注意。

农民中的富民和大地主的子弟有特权享受最好的教育，在科举制度下，他们可以利用所受的教育，一经中试便摇身变成儒户，一列仕途，便又变成宦户。退休后又变成乡绅，不再属于民户。或则买官捐监，也可以使一家的身份提高。贫农中也有由子弟的

---

① 《明宣宗实录》卷六九。
② （明）谈迁：《枣林杂俎·逸典》。
③ 《明律》四，《户》一。
④ 《明史》卷七七，《食货志·户口》。
⑤ 《弘治会典》卷二〇。

努力而成为儒户、宦户的，不过他们身份一改，便面目全非了，对国家的负担和在社会上的待遇便全然不同。他们不但不再属于民户，反而掉转头来自命为上层阶级，去剥削他从前所隶属的集团了。

二

农民的本分是纳赋和力役，明太祖告诉他的百姓说："为吾民者当知其分。田赋力役出以供上者乃其分也。能安其分则保其父母妻子，家昌身裕，为仁义忠孝之民，刑罚何由及哉。"[①]赋役都以黄册为准，册有丁有田，丁有役，田有租。租曰夏税，曰秋粮，凡二等。丁曰成丁，曰未成丁，凡二等。民始生，籍其名曰不成丁，年十六曰成丁，成丁而役，六十而免。役曰里甲，曰均徭，曰杂泛，凡三等。以户计曰甲役，以丁计曰徭役，上命非时曰杂役，皆有力役，有雇役，田租大略以米麦为主，而丝绢与钞次之。[②]

要农民安于本分，使永远不能离开其所耕种的土地，除有黄册登记土地户口外，并设路引的制度，百里内许农民自由通行，百里外即须验引："凡军民等往来但出百里者，即验文引。"[③]天下要冲去处设立巡检司，专一盘诘无引面生可疑之人。军民无文引

---

① 《明太祖实录》卷一五〇。
② 《明史》卷七八，《食货志·赋役》。
③ 《弘治会典》卷一三〇。

必须擒拿送官，仍许诸人首告，得实者赏，纵容者同罪。

于是农民永远被禁乡里，只好硬着头皮为国家尽本分。

田赋和力役只是农民负担一小部分。除了对国家以外，农民还要对地方官吏、豪绅、地主……尽种种义务，他们要受四重甚至五重的剥削。官吏则巧立名目，肆行科敛。即在开国时严刑重法，也还有此种情形，明太祖极为愤怒，他很生气地训斥一般地方官说：

置造上中下三等黄册，朝觐之时，明白开谕，毋得扰动乡村。止将黄册底册就于各府州县官备纸札，于底册内挑选上中下三等以凭差役，庶不靠损小民，所谕甚明。及其归也，仍前着落乡村，巧立名色，团局置造，科敛害民。①

科敛之害，甚于虎狼。如折收秋粮，府州县官发放，每米一石官折钞二贯，巧立名色，取要水脚钱一百文、车脚钱三百文、口食钱一百文。库子又要辨验钱一百文，蒲篓钱一百文，竹篓钱一百文，沿江神佛钱一百文。②政府之惩治虽严，而官吏之贪污如故，剥削如故，方震孺整饬吏治疏言：

一邑设佐贰二三员，各有职掌。司捕者以捕为外府，收粮者以粮为外府，清军者以军为外府，其刑驱势逼，虽绿林之豪，何以加焉。稍上而有长吏，则有科罚，有羡余，曰吾以备朝京之需，吾以备考满之用，上言之而不讳，下闻之而不惊，虽能自洗刷者固多，而拘于常例者不尽无也。又上之而为郡守方面，岁时则有献，生辰则有贺，不谋而集，相摩而来，寻常之套数不足以献芹，方外之奇

---

① 《大诰》第四四。
② 《大诰》第四一。

珍始足以下点，虽能自洗刷者固多，而拘于常例者不尽无也。萧然
而来，捆载而去。夫此捆载者非其携之于家，雨之于天，又非输于
神，运于鬼，总皆为百姓之脂膏，又穷百姓卖儿卖女而始得之耳。

其剥削之方法，多用滥刑诛求，英宗时江西按察司佥事夏
时言：

今之守令冒牧民之美名，乏循良之善政，往往贪泉一酌而邪念
顿兴，非深文以逞，即钩距是求。或假公营私，或诛求百计。经年置
人于犴狱，滥刑恒及于无辜。甚至不任法律而颠倒是非，高下其手者
有之，刻薄相尚，而避己小嫌，入人大辟者有之。不贪则酷，不怠则
奸，或通吏胥以贾祸，或纵主案以肥家，殃民蠹政，莫敢谁何。[1]

地方官以下之粮长吏胥，则更变本加厉，横征暴敛，如《续
诰》所记嘉定县粮长金仲芳等额外敛钱之十八种名色：

一定舡钱，一包纳运头米钱，一临运钱，一造册钱，一车脚钱，
一使用钱，一络麻钱，一铁炭钱，一申明旌善亭钱，一修理仓廒钱，
一点舡钱，一馆驿房舍钱，一供状户口钱，一认役钱，一黄粮钱，
一修墩钱，一盐票钱，一出由子钱。[2]

又如粮长邾阿乃起立名色，科扰粮户，至超过正税数倍：

其扰民之计，立名曰舡水脚米，斛面米，装粮饭米，车脚
钱，脱夫米，造册钱，粮局知房钱，看米样中米，灯油钱，运黄粮
脱夫米，均需钱，棕软篾钱一十二色。通计敛米三万七千石，钞
一万一千一百贯。正米止该一万，便做加五收受，尚余二万二千石，
钞一万一千一百贯。民无可纳者，以房屋准者有之，变卖牲口准者

① 《明英宗实录》卷四〇。
② 《续诰》第二一。

有之，衣服段匹布帛之类准者亦有之，其锅灶水车农具尽皆准折。①

隶快书役为害尤甚："民之赋税每郡小者不过数万，大者不过数十万，而所以供此辈者不啻倍之。"②

地方豪绅不但享有优免赋役的特权③，并且也创立种种苛税，剥削农民。有征收道路通行税的：

宣德八年（1432）十一月丙午，顺天府尹李庸言："比奉命修筑桥道，而豪势之家，占据要路，私搭小桥，邀阻行人，榷取其利，请行禁革。"上曰："豪势擅利至此，将何所不为。"命行在都察院揭榜禁约。④

有私征商税的：

正统元年（1436）十二月甲申，驸马都尉焦敬令其司副李泉于文明门外五里建广鲸店，集市井无赖，假牙行名，诈税商贩者，钱积数十千。又于武清县马驹桥遮截磁器鱼枣数车，留店不遣。又令阍者马进于张家湾溧阳闸河诸通商贩处，诈收米八九十石，钞以千计。⑤

有擅据水利的：

正统八年（1443）十二月戊戌，吏部听选官胡秉贤言："臣原籍江西弋阳，县有官陂二所，民田三万余亩借其灌溉。近年被沿陂豪强之人，私创碓磨，走泄水利，稍有旱暵，民皆失望。"⑥

---

① 《续诰》第四七。
② （明）吴应箕：《楼山堂集》卷一二，《江南汰胥役议》。
③ 参看《大公报·史地周刊》：《明代仕宦阶级的生活》《晚明之仕宦阶级》二文。
④ 《明宣宗实录》卷一一七。
⑤ 《明英宗实录》卷二五。
⑥ 《明英宗实录》卷一一一。

叶盛《水东日记》卷十四亦记：

杭州西湖傍近，编竹节水，可专菱芡之利，而惟时有势力者可得之。故杭人有俗谣云："十里湖光十里笆，编笆都是富豪家，待他十载功名尽，只见湖光不见笆。"

盐粮马草之利亦尽为势豪所占，《明英宗实录》卷一一五记：

（正统）九年（1444）四月壬辰，敕户部曰："朝廷令人易纳马草、开中盐粮，本期资国便民。比闻各场纳草之人，多系官豪势要，及该管内外官贪图重利，令子侄家人伴当假托军民，出名承纳。各处所中盐粮，亦系官豪势要之家占中居多，往往挟势将杂糙米上仓，该管官司畏避权势，辄与收受，以致给军多不堪用。及至支盐，又嘱管盐官捱越关支，倍取利息。致无势客商，守支年久不能得者有之，丧赀失业，嗟怨莫伸，其弊不可胜言。"

更有指使家人奴仆，私自抽分的。《明律条例》名例条：

成化十五年（1479）十月二十二日节该，钦奉宪宗皇帝圣旨：管庄佃仆人等占守水陆关隘抽分，揹取财物，挟制把持害人的，都发边卫永远充军，钦此！

地主则勾结官吏，靠损小民，《续诰》第四五：

民间洒派包荒诡寄，移丘换段，这等都是奸顽豪富之家，将次没福受用财赋田产，以自己科差洒派细民。境内本无积年民田，此等豪猾买嘱贪官污吏及造册书算人等，其贪官污吏受豪猾之财，当科粮之际，作包荒名色，征纳小户。书算手受财，将田洒派，移丘换段，作诡寄名色，以此靠损小民。

或隐匿丁粮，避免徭役，一切负担均归小民：

宣德六年（1431）六月庚午，浙江右参议彭璟言："豪富人民每遇编充里役，多隐匿丁粮，规避徭役，质朴之民皆首实。有司贪贿，更不穷究。由是徭役不均，细民失业。"[1]

或营充职事，使小民受累，《明英宗实录》卷八九记：

（正统）七年（1442）二月丁酉应天府府尹李敏奏："本府上元、江宁二县富实丁多之家，往往营充钦天监太医院阴阳医生、各公主府坟户、太常光禄二寺厨役及女户者，一户多至一二十丁，俱避差役，负累小民。"

一面以其财力，兼并小农，例如：

景泰元年（1450）六月丙申，巡抚直隶工部尚书周忱言："江阴县民周珪本户原置田三百七十二顷，又兼并诱买小民田二百七顷五十余亩，诛求私租，谋杀人命。"[2]

因之，富者愈富，贫者愈贫。更加以苛捐杂税之搜括，农民至无生路可走，甚至商税派征，其负担者亦为农民：

榷税一节，病民滋甚。山右僻在西隅，行商寥寥。所有额派税银四万二千五百两，铺垫等银五千七百余两，百分派于各州府持。于是斗粟半菽有税，沽酒市脂有税，尺布寸丝有税，赢特褰卫有税，既非天降而地出，真是头会而箕敛。[3]

负担过重，伶俐富厚点的也跟着一般地主的榜样，诡谋图免，大部分的农民无法可处，只得辗转沟壑，流为盗贼。侯朝宗曾痛论其弊云：

明之百姓，税加之，兵加之，刑加之，役加之，水旱灾祲加之，

---

① 《明宣宗实录》卷七九。
② 《明英宗实录》卷一九三。
③ （明）毕自严：《石隐园藏稿》卷五，《嵩祝陛辞疏》。

官吏之食渔加之，豪强之吞并加之，是百姓一而所以加之者七也。于是百姓之富者争出金钱而入学校，百姓之黠者争营巢窟而充吏胥。是加者七而因而诡之者二也。即以赋役之一端言之，百姓方苦其积极而无告而学校则除矣，吏胥则除矣，举天下以是为固然而莫之问也。百姓之争入于学校而争出于吏胥者，亦莫不利其固然而为之矣。约而计之，十人而除一人，则以一人所除更加之九人，百人而除十人，则以十人所除更加之九十人，展转加焉而不可穷，争诡焉而不可禁。天下之学校吏胥渐多而百姓渐少，是始犹以学校吏胥加百姓，而其后逐以百姓加百姓也。彼百姓之无可奈何者，不死于沟壑即相率而为盗贼耳，安得而不乱哉。[1]

除此以外，农民还有两条路可走。第一条大路是当僧道，不过如被发觉，反要吃苦。例如《明太祖实录》卷二二七所记：

（洪武）二十六年（1393）五月乙丑，道士仲守纯等一百二十五人请给度牒。礼部审实皆逃民避徭役者。诏隶锦衣卫习工匠。

第二条路是抛弃土地，逃出做"流民"。

三

洪武三年（1370）时曾有一次关于苏州一府地主的统计：先是上问户部天下民孰富，产孰优？户部臣对曰："以田税之多寡较之，惟浙西多富民巨室。以苏州一府计之，民岁输粮一百石以上

---

① （明末清初）侯方域：《壮悔堂文集·正百姓》。

至四百石者四百九十户。五百石至千石者五十六户。千石至二千石者六户。二千石至三千八百石者二户。计五百五十四户，岁输粮十五万一百八十四石。"①

苏州府在洪武二十六年（1393）时的户口统计是四十九万一千五百一十四户。②二十年中户口相差大致不会很远。如以此数估计，则五十万户中有地主五百户，地主占全户口千分之一。不过这统计不能适用于别处，苏松财赋占全国三分之一，以此例和在全国所纳的田赋比较，和其他各地至少要相差三十倍，即平均要三万户中才有一户地主。

地主有政治势力的保障，即使有水旱兵灾，也和他们不相干。而且愈是碰到灾荒，愈是他们发财的机会。第一是荒数都分配给地主，农民却须照样纳税。王鏊曾说：

> 时值年丰，小民犹且不给，一遇水旱，则流离被道，饿殍塞川，甚可悯也。惟朝廷轸念民穷，亦尝蠲免荒数，冀以宽之。而有司不奉德音，或因之为利，故有卖荒送荒之说。以是荒数多归于豪右，而小民不获沾惠。③

而且贫农无田，所种多为佃田，即有恩恤，好处也只落在地主身上，如《明英宗实录》卷五所记：

> 宣德十年（1435）五月乙未，行在刑科给事中年富言：江南小民佃富人之田，岁输其租。今诏免灾伤税粮，所蠲特及富室，而小民输租如故。乞命被灾之处，富人田租如例蠲免。从之。

---

① 《明太祖实录》卷四九。
② 《明史》卷四〇，《地理志》。
③ （明）王鏊：《王文恪公集》卷三六，《吴中赋税书与巡抚李司空》。

第二乘农民最困乏时，作高利贷的剥削。法律所许可的利率是百分之三十。[①]遇到灾荒时，地主便抬高利率，农民只能忍痛向其借贷，不能如期偿还，家产人口便为地主所没收，《明英宗实录》卷一六七记：

（正统）十三年（1448）六月甲申，浙江按察使轩輗言："各处豪民私债，倍取利息，至有奴其男女，占其田产者，官府莫敢指叱，小民无由控诉。"

政府虽明知有这种兼并情形，也只能通令私债须等丰收时偿还，期前不得追索。可是结果地主因此索性不肯借贷，政府又不能救济，贫农更是走投无路。政府只好取消了这禁令，让地主得有自由兼并的机会：

景泰二年（1451）八月癸巳，刑部员外郎陈金言：军民私债，例不得迫索，俟丰稔归其本息。以此贫民有急，偏叩富室，不能救济。宜听其理取。从之。[②]

贫农向地主典产，产去而税存：

正统元年（1436）六月戊戌，湖广辰州府沅陵县奏："本县人民多因赔纳税粮，充军为事贫乏，将本户田产，典借富人钱帛，岁久不能赎，产去税存，衣食艰难。"[③]

抵押房屋，过期力不能偿，即被没收：

正统六年（1441）五月甲寅，直隶淮安府知府杨理言："本府贫民以供给繁重，将屋宅典与富民，期三年赎以原本，过期即立契

① 《明律》九，《户》六。
② 《明英宗实录》卷二七〇。
③ 《明英宗实录》卷一八。

永卖。以是贫民往往趁食在外，莫能招抚。"①

或借以银而偿则以米，取数倍之息，顾炎武记：

> 日见凤翔之民，举债于权要，每银一两，偿米四石。此尚能支
> 持岁月乎？②

于是小地主因加力剥削而成大地主，贫农则失产而为佃农，佃农不堪压迫，又逃而为流民，《明宣宗实录》卷九四宣德七年（1432）八月辛亥条：

> 苏州田赋素重，其力耕者皆贫民。每岁输纳，粮长里胥率厚取
> 之，不免贷于富家，富家又数倍取利，而农益贫。

《明英宗实录》卷一九三景泰元年（1450）六月庚辰条：

> 处州地瘠人贫，其中小民，或因充军当匠而废其世业，或因官
> 吏横征而克其资财，或因豪右兼并而侵渔其地，或因艰苦借贷而倍
> 出其偿。恒产无存，饥寒不免。况富民豪横，无所不至，既夺其产，
> 或不与收粮而征科如旧，或诡寄他户而避其粮差，激民为盗，职此
> 之由。

在京都附近的农民，则田产更有无故被夺的危险。例如弘治时外戚王源占夺民产至二千二百余顷。《明史·王镇传》：

> 外戚王源赐田，初止二十七顷，乃令其家奴别立四至，占夺民
> 产至二千二百余顷。及贫民赴告，御史刘乔徇情曲奏，致源无忌惮，
> 家奴益横。

正统时诸王所夺人民庄宅田地至三千余顷。③南京中官外戚所

---

① 《明英宗实录》卷七九。
② （明末清初）顾炎武：《亭林文集》卷三，《病起与蓟门当事书》。
③ 《明英宗实录》卷七二。

占田地六万三千三百五十亩，房屋一千二百二十八间。^①边将史昭、丁信广置庄田，各有二十余所，霸占鱼池，侵夺水利。^②景泰初顺天、河间等府县地土，多被宦豪朦胧奏讨及私自占据，或为草场，或立庄所，动计数十百顷。间接小民纳粮地亩，多被占夺，岁赔粮草。^③夏言奉敕勘报皇庄及功臣国戚田土疏曾极言其弊：

> 近年以来，皇亲侯伯凭藉宠昵，奏讨无厌，而朝廷眷顾优隆，赐予无节。其所赐地土多是受人投献，将民间产业夺而有之。如庆阳伯受奸民李政等投献，奏讨庆都、清苑、清河三县地五千四百余顷。如长宁伯受奸民魏忠等投献，奏讨景州、东光等县地一千九百余顷。如指挥佥事沈傅、吴让受奸民马仲名等投献，奏讨沧州静海县地六千五百余顷。以致被害之民，构讼经年，流离失所，甚伤国体，大失群心。^④

从天顺以来，又纷纷设立皇庄，至嘉靖初年有皇庄数十所，占地至三万七千五百九十五顷四十六亩，扰害农民，不可记极，夏言云：

> 皇庄既立，则有管理之太监，有奏带之旗校，有跟随之名下，每处动至三四十人……擅作威福，肆行武断。其甚不靖者则起盖房屋，则架搭桥梁，则擅立关隘，则出给票帖，则私刻关防。凡民间撑架舟车，牧放牛马，采捕鱼虾螺蚌莞蒲之利，靡不括取。而邻近土地则展转移筑封堆，包打界至，见亩征银。本土豪猾之民，投为

---

① 《明英宗实录》卷二九。
② 《明英宗实录》卷一〇三。
③ 《明英宗实录》卷二〇一。
④ （明）夏言：《桂洲文集》卷一三。

庄头，拨置生事，帮助为恶，多方掊克，获利不赀。输之官闱者曾无什之一二，而私入囊橐者盖不啻什之八九矣。是以小民脂膏，吮剥无余，繇是人民逃窜而户口消耗，里分减并而粮差愈难。卒致辇毂之下，生理寡遂，间阎之间，贫苦到骨。[①]

结果是："公私庄田，逾乡跨邑，小民恒产，岁朘月削。产业既失，税粮犹存，徭役苦于并充，粮草困于重出，饥寒愁苦，日益无聊，展转流亡，靡所底止。以致强梁者起而为盗贼，柔善者转死于沟壑。其巧黠者或投充势家庄头家人名目，资其势以转为良善之害，或匿入海户、陵户、勇士、校尉等籍，脱免徭役，以重困敦本之人。凡所以蠹民命脉，竭民膏血者，百孔千疮，不能枚举。"[②]这情形是由中央特派调查庄田的官吏所发表，当时的统治阶级也已深知此种举动之不合理，足以引起变乱。然而当这报告书发表以后，外戚陈万言又向皇帝乞得庄田，这庄田的来源还是"夺民田产"：

嘉靖三年（1524），泰和伯陈万言乞武清、东安地各千顷为庄田，诏户部勘闲地给之。给事中张汉卿疏谏……帝竟以八百顷给之。巡抚刘麟、御史任洛复言不宜夺民地。弗听。[③]

景泰王于嘉靖四十年（1561）之国，……多请庄田，……其他土田湖陂侵入者数万顷。[④]潞王居京邸时，王店、王庄遍畿内。……居藩多请赡田、食盐无不应者，田多至四万顷。[⑤]福王之国时，诏赐

①　夏言：《桂洲文集》卷一三。
②　同上。
③　《明史》卷三〇〇，《陈万言传》。
④　《明史》卷一二〇，《景王传》。
⑤　《明史》卷一二〇，《潞王传》。

庄田四万顷，……中州腴土不足，取山东、湖广田益之。……尺寸皆夺之民间，……伴读、承奉诸官假履亩为名，乘传出入河南北、齐、楚间，所至骚动。①

皇室、中官、外戚、勋臣、地方官吏、豪绅、地主、胥役……这一串统治者重重压迫、重重剥削，他们的财富，他们所享受的骄奢淫逸的生活，不但是由括尽农民身上的血汗所造成，并且也不知牺牲了多少农民的性命，才能换得他们一夕的狂欢。"尺寸皆夺之民间"，农民之血汗尽，性命过于不值钱，只好另打主意。

四

在平时，对政府的负担也使农民喘不过气来。因为在立法时并不曾顾虑到地主和贫农的差别悬殊，使他们一律出同样的力役，结果是地主行无所事，而贫农则破家荡产。此弊自元末以来即有之。王祎说：

今州县之地，区别其疆界谓之都，而富民有田往往遍布诸都。税之所入以千百计者，类皆一户一役而止。其斗升之税不能出其都者，亦例与富民同受役。而又富民之田不肯自名其税，假立户名，托称兄弟所分，与子女所受，及在城异乡人之业，飞寄诡窜，以避差徭。故富者三岁一役曾不以为多，贫者一日受役，而家已立破，民之所病，莫斯为甚。②

---

① 《明史》卷一二〇，《福王传》《潞王传》。
② （元末明初）王祎：《王忠文公集》卷六，《婺州路均役记》。

至正十年（1350）婺州路始行鱼鳞类姓鼠尾之籍，税之所在，役即随之，甚多田者兼受他都之役而不可辞，少者称其所助而无幸免。①洪武元年（1368）行均工夫之法，田一顷出丁夫一人，不及顷者以他田足之。黄册成后，行里甲法，以上中下户为三等，五岁均役。一岁中诸岁杂目应役者，编第均之，银、力从所便。后法稍弛，编徭役里甲者以户为断，放大户而勾单小，富商大贾免役而土著困，官吏里胥轻重其手而小民益穷蹙。又改行鼠尾册法，论丁粮多少，编次先后，市民商贾家殷足而无田产者，听自占以佐银差。可是官府公私所需，仍责坊里长营办，给不能一二，供者或什百。甚至无所给，惟计值年里甲以应夫马饮食，而里甲病。一被佥为上供解户，往往为中官所留难，贡品被挑剔好坏，故意不收，只能就地改买进奉，率至破家倾产。②斗库粮长之役亦使民不聊生，王鏊曾痛陈其弊，他说：

　　田之税既重，又加以重役，今之所谓均徭者大率以田为定，田多为上户，上户则重，田少则轻，无田又轻，亦不计其资力之如何也。故民惟务逐末而不务力田，避重役也。所谓重役者大约有三：曰解户，解军需颜料纳之内库者也；曰斗库，供应往来使客及有司之营办者也；曰粮长，督一区之税输之官者也。颜料之入内府亦不为多，而出纳之际，百方难阻，以百作十，以十作一，折阅之数，不免出倍称之息，称贷于京以归，则卖产以偿，此民之重困者一也，使客往来，厨传不绝，其久留地方者日有薪炭鲑菜膏油之供，加以馈送之资，游宴之费，罔不取给，此民之重困者二也。太祖患

①　（元末明初）王祎：《王忠文公集》卷六，《婺州路均役记》。
②　《明史》卷七八，《食货志》二。

有司之刻民也，使推殷实有行义之家，以民管民，最为良法，昔之为是役者未见其患。顷者朝廷之征求既多，有司之侵牟滋甚，旧惟督粮而已，近又使之运于京，粮长不能自行，奸民代之行，多有侵牟，京仓艰阻，亦且百方，又不免称贷以归。不特此也，贪官又从而侵牟之，公务有急则取之，私家有需则取之，往来应借则取之。而又常例之输，公堂之刻，火耗之刻，官之百需多取于长，长能安不多取于民。及逋租积负，官吏督责如火，则拆屋伐木，鬻田鬻子女，竟不免死于榜掠之下，此民之重困者三也。三役之重，皆起于田，一家当之则一家破，百家当之则百家破，故贫者皆弃其田以转徙，富者尽卖其田以避其役。①

在原则上，都应"佥有力之家充之，名曰大户。究之，所佥非富民，中人之产，辄为之倾"②。地主富民能和官吏勾结，受另一集团的保障，中农以下的平民，便只能忍受着破产倾家的苦痛，为国家服务。斗库之害，霍与瑕说得更为明白：

慈溪每年于均徭内额编绍兴府余姚县常丰四五仓斗级，每仓四名，每名役银五两，凡遭此役，无不破家，本县徭差内实为上等苦役。据原编常丰四仓斗级某等连名开称，俱为官攒等役剥削科取，每遇斗级上役，仓官先取分例银二十四两，家人取分例银三两，攒典书手各二两，及年烛开仓开印封印猪酒作福猪胙岁造文册歇家包办府县差人饭食。每月买办纸札，迎送新旧官盘费，收粮放粮官并过往官员下程礼物买办家火等项，皆出斗级，每年用百数余两。后

---

① （明）王鏊：《王文恪公文集》卷三六，《吴中赋税书与巡抚李司空》。
② 《明史》卷七八，《食货志》二。

浥烂贴补米石，年纳二三百石。①

外夷入贡，例于指定地方驻扎，一切支给，俱出里甲。《明英宗实录》卷五十八琉球馆臣是其一例：

正统四年（1439）八月庚寅，巡按福建监察御史成规言：琉球国往来使臣俱于福州停住，馆谷之需，所费不赀。此者通事林惠、郑长所带番梢人从二百余人，除日给廪米之外，其茶盐醯酱等物出于里甲，相沿已有常例。乃故行刁蹬，勒折铜钱，及今未半年，已用铜钱七十九万六千九百有余，按数取足，稍或稽缓，辄肆詈殴。

政府有特别需要，便行科差，此最为贫农之害。凡朝廷科买一物，辄差数人促办。所差之人又各有无赖十数人为之鹰犬，百倍科敛，民被箠楚，不胜其毒，百分之一归官，余皆入于私室。②给价则十不及一，辗转克减，上下靡费，至于物主所得无几，名称买办，无异白取。③有时中间又需经过里长的一道剥削，土产或忍痛奉献，非土产则便要破家为朝廷征求：

永乐五年（1407）五月甲子，开平卫卒蒋文霆言：今有岁办各色物料，里长所领官钱悉入己，名为和买，其实强取于民，若其土产，尚可措办，非土地所有，须多方征求，以致倾财破产者有之。凡若此者，非止一端。④

洪熙元年（1425）行在都察院右副都御史弋谦告诉皇帝说："一夫耕作，上农不过百亩，中下之农，仅有其半。除夏秋二税，

---

① （明）霍与瑕：《霍勉斋集》卷一八，《为乞恩痛革仓弊以苏民困事申察院》。
② 《明宣宗实录》卷五四。
③ 《明宣宗实录》卷四下。
④ 《明成祖实录》卷六七。

所存无几，苟再分外侵耗，使民不贫而困者寡矣。"①可是警告虽然提出，科买却依旧举行，三年后宣宗也警告他的臣下说：

> 比者所司每缘公务，急于科差，贫富困于买办，丁中之民，服役连年，公家所用，十不二三，民间耗费，常十数倍。加以郡邑官鲜得人，吏肆为奸，征收不时，科敛无度，假公营私，弊不胜纪。以致吾民衣食不足，转徙逃亡。凡百应输，年年逋欠。国家仓庾，月计不足。②

他们也明知"竭泽而渔"不是一个办法。可是还是要图享用，还是要科买，结果是"百姓逃亡，仓廪不足"。

在农民方面，土地分配不均和赋税的过重是当时最严重的问题。例如北直隶的富农与贫农的比较：

> 正统五年（1440）四月庚子，大理寺右少卿李畛奏：北直隶洪武永乐时人稀，富家隐藏逃户，辟地多而纳粮少，故积有余财而愈富，贫家地少而差役繁重，故典卖田宅，产去税存而愈贫。③

税粮的分配也极不公道，例如归有光所记：

> 江右田地不相悬，而税入多寡殊绝。如南昌新建二县仅百里，多山湖，税粮十六万。广信县六，赣州县十，皆六万。南安四县粮二万。三郡二十县之粮不及两县，盖国初以次削平僭伪，田赋往往因其旧贯。论者谓苏州田不及淮安半，而吴赋十倍淮阴，松、江二县粮与畿内八府百二十七县埒，其不均如此。④

---

① 《明宣宗实录》卷四下。
② 《明宣宗实录》卷三九。
③ 《明英宗实录》卷六六。
④ （明）归有光：《震川集》卷二五，《李公行状》。

又有官粮、民粮之别，政府希望减轻农民的负担，减轻或免除民粮，结果却适得其反，又予地主以兼并的机会：

> 旧例应天、镇江、太平、宁国、广德四府一州官粮减半征收，民粮全免以致富家多民粮，下户多官粮，富者愈富，贫者愈贫。[①]

官田粮重，民田粮轻，官田价轻，民田价重，地主利粮轻，贫民利价重，故民田多归地主，官田粮重，贫民不能负担，只能逃税，出做流民，王鏊说：

> 吴中有官田，有民田。官田之税一亩有五斗六斗至七斗者。其外又有加耗，主者不免多收，盖几于一石矣。民田五升以上，似不为重，而加耗愈多，又有多收之弊也。田之肥瘠不甚相远，而一丘之内，咫尺之间，或为官，或为民，轻重悬绝。细民转卖，官田价轻，民田价重，贫者利价之重，伪以官为民，富者利粮之轻，甘受其伪而不疑。久之，民田多归于豪右，官田多留于贫穷。贫者不能供，则散之四方，以逃其税。税无所出，则摊之里甲。故贫穷多流，里甲坐困，去住相牵，同入于困。[②]

于是有逃民，有流民。

五

逃民和流民的分别，《明史·食货志》说："其人户避徭役者曰逃户。年饥或避兵他徙者曰流民。"其实两者都是在本地不能生

---

① （明）王恕：《王端毅公文集》卷六，《石渠老人履历略》。
② 王鏊：《王文恪公文集》卷三六，《吴中赋税书与巡抚李司空》。

活，忍痛离开朝夕相亲的田地，漂流异地的贫农。

贫农除开上文所引述的一切人为的压迫和剥削外，又受自然的摧残，一有水旱，便不能生活：

困穷之民，田多者不过十余亩，少者或六七亩，或二三亩，或无田而佣佃于人。幸无水旱之厄，所获亦不能充数月之食，况复旱涝乘之，欲无饥寒，胡可得乎？[1]

或有疾病，便致流离：

农民之中，有一夫一妇受田百亩或四五十亩者，当春夏时耕种之务方殷，或不幸夫病而妇给汤药，农务既废，田亦随荒。及病且愈，则时已过矣。上无以供国赋，下无以养其室家。穷困流离，职此之由。[2]

或不能备牛具种子，无法耕种自己的田土，只好降为佃农，或乞讨度日，到处漂流。《明英宗实录》卷三四记：

正统二年（1437）九月癸巳，行在户部主事刘善言：比闻山东、山西、河南、陕西并直隶诸郡县，民贫者无牛具种子耕种，佣丐衣食以度日，父母妻子啼饥号寒者十室八九。有司既不能存恤，而又重征远役，以故举家逃窜。

洪熙元年（1425）闰七月，广西布政使周干奉命到苏、常、嘉、湖等府巡视民瘼。据他的报告，民之逃亡皆由官府弊政困民及粮长弓兵害民所致：

如吴江昆山民田亩旧税五升，小民佃种富室田亩，出私租一石，后因没入官，依私租减二斗，是十分而取其八也。拨赐公侯驸马等

---

[1] 《明英宗实录》卷一八六。
[2] 《明太祖实录》卷二三六。

项田，每亩旧输租一石，后因事故还官，又如私租例尽取之。且十分而取其八，民犹不堪，况尽取之乎？尽取则无以给私家，而必至冻馁，欲不逃亡，不可得矣！又如杭之仁和、海宁，苏之昆山，自永乐十二年（1414）以来，海水沦陷官民田一千九百三十余顷，逮今十有余年，犹征其租，田没于海，租从何出？常之无锡等县，洪武中没入公侯田庄，其农具水车皆腐朽已尽，如而有司犹责税如故，此民之所以逃也。粮长之设，专以催征税粮。近者常、镇、苏、松、湖、杭等府无籍之徒，营充粮长，专揞克小民以肥私己。征收之时，于各里内置立仓囤，私造大样斗斛而倍量之，有立样米抬斛米之名以巧取之，约收民五倍。却以平斗正数付与小民，运付京仓输纳，缘途费用，所存无几，及其不完，著令赔纳，至有亡身破产者，连年逋欠，倘遇恩免，利归粮长，小民全不沾恩。积习成风，以为得计。巡检之设，从以弓兵，本用盘诘奸细，缉捕盗贼。常、镇、苏、松、嘉、湖、杭等府巡检司弓兵不由府县佥充，多是有力大户令义男家人营谋充当，专一在乡设计害民，占据田产，骗要子女，及稍有不从，辄加以拒捕私盐之名，各执兵仗，围绕其家，擒获以多桨快船送司监收，挟制官吏，莫敢谁何，必厌其意乃已。不然，即声言起解赴京，中途绝其饮食，或戕害致死。小民畏之，甚于豺虎，此粮长弓兵所以害民而致逃亡之事也。[①]

苏、松、常、镇、嘉、湖、杭一带，是全国财赋中心，农民所受的压迫，从一位政府官吏口中的报告已是如此，其他各地的情形更可想见了。

---

① 《明宣宗实录》卷六。

各地的赋役都有定额，由被禁锢在土地上的农民负责输纳。逃亡的情形一发生，未逃亡或不能逃亡的一部分农民便为已逃亡的农民负责，尽双重义务。原来的自己所负的一份已觉过重，又加上替人的一份，逼得没有办法，也只好舍弃一切，跟着逃亡。这情形中最先倒霉的是里长，《明成祖实录》卷九十九记：

永乐七年（1409）十二月丙寅，山西安邑县言："县民逃徙者田土已荒，而税粮尚责里甲赔纳，侵损艰难，请暂停之，以俟招抚复业，然后征纳。"上谕行在户部尚书夏原吉曰："百姓必耕以给租税，既弃业逃徙，则租税无出。若令里甲赔纳，必致破产，破产不足，必又逃徙，租税愈不足矣。"

次之是贫农，例如沅陵县的农民，多因赔纳而破产：

正统元年（1436）六月戊戌，湖广辰州府沅陵县奏：本县人民因多陪纳税粮，充军为事贫乏，将本户田产典借富人钱帛，岁久不能赎，产去税存，衣食艰难。①

清苑、临晋两县的未逃农民，幸得邀特典而暂缓赔纳：

正统三年（1438）正月辛亥，行在户部奏：直隶清苑县，人民逃移五百九十余户，遗下秋粮六百六十余石，草一万三千四百余束。山西临晋县人民逃移四千五百七十余户，遗下秋粮三万四千一百四十余石，草六万八千二百九十余束。此二县各称，见存人户该纳粮草，尚且逋欠，若又包纳逃民粮草，愈加困苦，乞暂停征。上以民无食故逃，其无征之税责于不逃之民，是又速其逃也，宜缓其征，逃民其设法招抚。②

---

① 《明英宗实录》卷一八。
② 《明英宗实录》卷三八。

可是也只怕把未逃的农民也逼逃，这已逃农民的粮草还是要追征，而未逃的农民追征，只是追征的手续叫地方官办得慢一点而已。

农民逃亡的情形，试再举诸城县的情形作例：

正统十二年（1447）四月戊申，巡按山东监察御史史濡等奏：山东青州府地瘠民贫，差役繁重，频年荒歉，诸城一县逃移者一万三百余户，民食不给，至扫草子削树皮为食。续又逃亡三千五百余家。地亩税粮，动以万计。①

单是一县逃亡的户数已达一万三千八百户。正统十四年（1449）据河南右布政使年富的报告，单是陈、颍二州的逃户就不下万余。②试再就逃民所到处作一比较，同年五月据巡抚河南山西大理寺少卿于谦的报告，各处百姓递年逃来河南者将及二十万，尚有行勘未尽之数。③《明史·孙原贞传》也说：

景泰五年（1454）冬，（原贞）疏言：臣昔官河南，稽诸逃民籍凡二十余万户，悉转徙南阳、唐、邓、襄、樊间，群聚谋生。

成化初年（1465）荆襄盗起，流民附贼者至百万。项忠用兵平定，先后招抚流民复业者九十三万余人。④成化十二年（1476）原杰出抚荆襄，复籍流民，得户十一万三千有奇，口四十三万八千有奇。⑤

农民离开他的土地以后，同时也离去了登记他的户籍的黄册。

① 《明英宗实录》卷一五二。
② 《明英宗实录》卷一八四。
③ 《明英宗实录》卷一五四。
④ 《明史》卷一七八，《项忠传》。
⑤ 《明史》卷一五九，《原杰传》。

虽然失去了倚以为生、历代相传的田地，可是也从此脱离了国家的约束，不再向国家尽无尽的义务。他可以拣一个荒僻的地带，重新去开垦，做一个自由的农民。例如河南、湖广等处的客朋，《明英宗实录》卷十六记：

> 正统元年（1436）四月甲子，巡抚陕西行在户部右侍郎李新奏：河南南阳府邓州内乡等州县及附近湖广均州光化等县居民鲜少，郊野荒芜，各处客商有自洪武永乐间潜居于此，娶妻生子成家业者，丛聚乡村号为客朋，不当差役，无所钤辖。

郧阳一带多山，地界湖广、河南、陕西三省间，又多旷土，山谷阨塞，林菁蒙密，中有草木，可采掘食，正统二年（1437）岁饥，民徙入不可禁，聚既多，无所禀约束。[①]从此不再有任何压迫，也不再有任何负担，自耕自食，真是农民的理想生活。然而，地主不肯让农民逃走，因为他们恐慌没有人替他们耕种和服役。官吏和胥役不肯让农民逃走，因为农民逃了不回来，他们便失去了剥削的对象。国家更不肯让农民躲着不受约束，因为他们最需要农民的力量，农民最驯良、最肯对国家尽责任，国家需要他们用血汗来服役，更需要他们用血汗换来的金钱，供皇家和贵族们的挥霍。

他们都是农民头上的寄生虫，他们非要农民回来不可。于是有招抚逃民之举。

---

① 《明史纪事本末》卷三八，《平郧阳盗》。

六

凡逃户，明初督令还本籍复业，赐复一年。老弱不能归及不愿归者，令所在著籍，授田输赋。①还是要责成所在地的官吏勒令逃民回到原籍去，给以一年的休息，第二年起还是照未逃亡前一样生活着。事实上不能强迫回到原籍去的，便令落籍在所逃亡的地方，照常尽百姓的义务，依旧被圈定在一土地的范畴。仍是不堪剥削，依旧逃亡。宣宗时特增府县佐贰官，专抚逃民。《明宣宗实录》卷七十七宣德六年（1431）三月丁卯条：

> 先是巡按贵州监察御史陈斌言："各处复业逃民，有司不能抚绥，仍有逃窜者。乞令户部都察院各遣官同布政司、按察司取勘名数及所逃之处，取回复业。府县仍增除佐贰官一员，专职抚绥。"上命行在户部、兵部议。太子太师郭资等议："在外逃民多有复业而再逃者，今当重造籍册，民若逃亡，籍皆虚妄。今拟南北直隶遣御史二员，各布政司府州县皆添设佐贰官一员，专抚逃民。"上曰："凡郡县官俱以抚民为职，何用增设？官多徒为民蠹，其更令吏部拟议以闻。"至是吏部言："河南、山东、山西、湖广、浙江、江西有巡抚侍郎，其府州县七百三十五处已于额外增官一员，凡七百三十五员，宜改为抚民官。其余府州县宜各添设佐贰官一员。"上从之曰："此亦从权，若造册完，取回别用。"于是增除府州县佐贰官三百七十一员。

---

① 《明史》卷七七，《食货志·户口》。

因为是刚到十年一度重造黄册的期间，质以特别增设抚民官，希望人口土地和册籍一致。可是这种重床叠屋的官制、头痛医头的办法，仍不能阻止农民的再度逃亡。《明英宗实录》卷十八正统元年（1436）六月甲寅条：

山西左参政王来言："逃民在各处年久成家，虽累蒙恩诏抚回，奈其田产荒凉，不能葺理，仍复逃去，深负朝廷矜恤之意，请令随处附籍当差。"

农民逃亡后在另一地域已开垦成一新家，硬又让他们回到久已荒芜的老家去，自然不能不做第二次的逃亡。同年闰六月戊寅条：

巡抚河南山西行在兵部右侍郎于谦言："山西河南旱荒，人民逃移，遗下粮草，见在人户包纳。是以荒芜处所，民愈少而粮不减，丰熟地方，民愈多而粮无增。乞令各处入籍，就纳原籍粮草，庶税无亏欠，国无靠损。"

以此重又下令命逃民占籍于所寓地方。同年十一月庚戌条：

先是行在户部奏："各处民流移就食者，因循年久，不思故土。以致本籍田地荒芜，租税逋负。将蠲之则岁入不足，将征之则无从追究。宜令各府县备籍逃去之家并逃来之人，移交互报，审验无异，令归故乡。其有不愿归者，令占籍所寓州县，授以地亩，俾供租税。则国无游食之民，野无荒芜之地矣"。上命下廷臣议。至是佥以为便，从之。

这也只是一个理想的办法，因为经过几十年的流移，册籍早已混乱，无从互报。而且即使册籍具在，也不过是文字上的装饰，和实际情形毫不相干。例如宿州知州王永隆所说造册报部的情形：

正统二年（1437）二月辛酉，直隶凤阳府宿州知州王永隆奏："近制各处仓库储蓄及户口田土并岁入岁用之数，俱令岁终造册送行在户部存照。州县惟恐后期，预于八月臆度造报。且八月至岁终，尚有四月，人口岂无消息，费用岂无盈缩，以此数目不清，徒为虚文。"[①]

正统五年（1440）四月又规定逃民抚恤办法：

一、各处抚民官务要将该管逃民设法招抚，安插停当，明见下落。其逃民限半年内赴所在官司首告，回还原籍复业，悉免其罪，仍优免其户下一应杂泛差役二年。有司官吏里老人等并要加意抚恤，不许以公私债负需索扰害，致其失所。其房屋田地，复业之日，悉令退还，不许占据，违者治罪。

二、逃民遗下田地，见在之民或有耕种者，先因州县官吏里老人等，不验所耕多寡，一概逼令全纳逃民粮草，以致民不敢耕，田地荒芜。今后逃户田地，听有力之家尽力耕种，免纳粮草。

三、逃民既皆因贫困不得已流移外境，其户下税粮，有司不恤民难，责令见在里老亲邻人等代纳，其见在之民被累艰苦以致逃走者众。今后逃民遗下该纳粮草，有司即据实申报上司，暂与停征，不许逼令见在人民包纳。若逃民已于各处附籍，明有下落者，即将本户粮草除豁。违者处以重罪。[②]

抚民官的派出，目的本在抚辑流亡。可是恰和实际情形相反，恤民之官累设而流亡愈多[③]，他们不但不能安抚，反加剥削，纵容

[①]　《明英宗实录》卷二七。
[②]　《明英宗实录》卷六六。
[③]　《明英宗实录》卷八二。

吏胥里老人等生事扰害。①正统十年（1445）从张骥言，取回济南等府抚民通判等官。②一面又于陈州增设抚民知州，令负责招抚③，又置山东东昌府濮州同知、直隶凤阳府颍州府亳县县丞各一员，专管收籍逃户。④专负抚民的，河南山西巡抚于谦则抚定山东、山西、陕西等处逃民七万余户，居相近者另立乡都里，星散者就地安插。⑤可是不到一年，又复逃徙，同书卷一四六"正统十一年（1446）十月乙巳"条：

> 河南左布政使饶礼奏："外境逃民占河南者，近遇水旱，又复转徙，甚者聚党为非。"

另一面则虽设官招抚，逃民亦不肯复业。例如景泰三年（1452）五月敕巡抚河南左副都御史王暹所言："河南流民，虽常招抚，未见有复业者。"⑥

虽然有黄册，有逃户周知册，可是都只是官样文章，簿上的数目和实际上完全不符。由此发生两种现象，第一是户口和土地的减少，第二是分配不均的尖锐化。成化中（1465—1487）刘大夏上疏言：

> 今四方民穷则竭，逃亡过半。版籍所载，十去四五。今为之计，必须痛减征敛之繁，慎重守令之选，使逃民复业，人户充实，庶几军士可充，营伍可实。⑦

---

① 《明英宗实录》卷六六。
② 《明英宗实录》卷一三三。
③ 《明英宗实录》卷一三二。
④ 《明英宗实录》卷一三五。
⑤ 《明英宗实录》卷一三四。
⑥ 《明英宗实录》卷二一六。
⑦ （明）刘大夏：《刘忠宣公遗集》卷一，《处置军伍疏》。

从户口方面看，王世贞《弇山堂别集》卷十八"户口登耗之异"条：

国家户口登耗之异，有绝不可信者，如洪武十四年（1381）天下承元之乱，杀戮流窜，不减隋氏之末，而户尚有一千六百五十万四千三百六十二，口五千九百八十七万三千三百五。其后休养生息者二十余年，至三十五年（建文四年，1402），而户一千六十二万六千七百七十九，口五千六百三十万一千二十六。计户减二万二千五百八十三①，口减三百五十七万二千二百七十九，何也？其明年为永乐元年（1403），则户一千一百四十一万九千八百二十九，口六千六百五十九万八千三百三十七。夫是时靖难之师，连岁不息，长淮以北，鞠为草莽，而户骤增至七十八万九千五十余，口骤增至一千二十九万七千三百十一，又何也？明年户复为九百六十八万五千二十，口复为五千九十五万四百七十，比之三十五年，户却减九十四万一千七百五十九，口减五百三十五万五百五十六，又何也？……自是休养生息者六十年，而为天顺七年（1463），户仅九百三十八万五千一十二，口仅五千六百三十七万二百五十，比于旧有耗而无登者何也？然不一年而户为九百一十万七千二百五，减二十七万七千八百七十二，口为六千四十七万九千三百三十，增四百十二万九千八十，其户口登耗之相反，又何也？成化中户不甚悬绝，二十二年（1486）而口至六千五百四十四万二千六百八十，此盛之极也。二十三年（1487）而仅五千二十万七千一百三十四，一年之间而减一千五百二十三万五千五百四十六，又何也？……然则有司之造册，与户部之

---

① 此处及后面有数额计算结果不准之处，疑作者笔误。编者注。

稽查，皆儿戏耳。

实际上这数目突升突降的古怪，倒并不是儿戏，只是一种虚伪的造作。洪武十四年的户口数，也许是实际上经过调查的，永乐元年的数字，只是臣下故意假造，去博得皇帝高兴的趋奉行为。以后流亡渐多，原额十去四五，册籍只是具文，州县官臆度造报，中央也就假装不知道。以此忽升忽降，竟和实际情形毫不相干。在田土数目方面也是同样的奇怪，洪武二十六年（1393）时核天下土田，总八百五十万七千六百二十三顷，到弘治十五年（1502）天下土田只剩四百二十二万八千五十八顷，一百零九年间，天下额田已减强半。[①]户口和土田日渐消减，当然有其他种种原因，不过，农民的逃亡却是一个最重要的因素。逃亡的情形因政治的腐败而更加快速发展，登记人口和土田的黄册制度由之破坏，使农民和土地不相联系。这影响，一方面，统治阶级的基础因之日益动摇；另一方面治安不能维持，农民叛乱接踵而起。在反面，逃民此往彼来，被抛弃的土地为地主所兼并，农民却跑到另一地带去和人争地。土地分配因之愈加不均，地主和贫农的关系也愈趋恶化。在这情形下，从天顺到正德爆发了几次空前的农民叛乱。

---

① 《明史》卷七七，《食货志一》。

明代的奴隶和奴变

奴隶没有人权，只是一笔财产

一、奴隶的来源

元末明初的学者陶宗仪，在所著《辍耕录》卷十七"奴婢"条，说明这时代的奴隶情形，他指出了几点：第一蒙古、色目人的臧获，男曰奴，女曰婢，总称为驱口，这类人是元初平定诸国所俘到的男女匹配为夫妇，所生的子孙，永为奴婢。第二是由于买卖，由元主转卖与人，立券投税，称为红契买到。第三是陪送，富人嫁女，用奴婢标拨随女出嫁。这三类来源不间，性质一样，在法律上和奴隶对称的是良人，买良为驱，就法律说是被禁止的，因为良人是国家的公民，驱口或奴隶则是私人的财产。

其次，奴隶的婚姻限于同一阶级，奴婢只可自相婚嫁，例不许聘娶良家，除非是良家自愿娶奴隶的女儿，至于奴娶良家妇女，则绝对为法律为社会所不容许。

主奴关系的改变，有一种情形。奴隶发了财，成为富人，主子眼红，故意找出一点小过错，打一顿关起来，到他家席卷财物而去，名为抄估。家倾了，产荡了，依然是奴才。除非是自己识相，自动献出家财以求脱免奴籍，主人出了放良凭执，才能取得自由人的地位。

在法律上，私宰牛马杖一百，打死驱口或奴隶呢，比平人减死一等，杖一百七，奴隶的生命和牛马一样！

奴婢所生的子女叫家生孩儿。

买卖奴隶的红契，据姚燧《牧庵集》十二《浙西廉访副使潘公神道碑》说：凡买卖人口，都要被卖人在契上打手指印，用的是食指，男左女右，以指纹的疏密来判断人的短长壮少。这位潘廉访就曾用指纹学，集合同年龄的十个人的指纹，来昭雪一件良人被抑为奴的冤狱。

买奴的实例，最值得我们注意的是1555年杨继盛的遗嘱，他在被杀前写信给儿子处分后事，有一条说：

曲钺，他若守分，到日后亦与他地二十亩，邨宅一小所。若是生事，心里要回去，你就合你两个丈人商议告着他——原是四两银子买的他，放债一年，银一两得利六钱，按着年问他要，不可饶他，恐怕小厮们照样儿行，你就难管。

奴隶作为财产处分的实例，小说《今古奇观》"徐老仆义愤成家"是根据《明史》二百九十卷《阿寄传》写的，淳安徐家兄弟三人分家，大哥分得一匹马，二哥分得一条牛，老三被欺侮，分得五十多岁的老奴阿寄，寡妇成天悲哭，以为马可以骑，牛可以耕田，老奴才光会吃饭，老奴才气急了，发愤经商，发了大财，临死时："老奴牛马之报尽矣！"

二、《大明律》中的奴隶

驱口这一名词在明代似乎不大用了，奴隶的社会地位和生活情形却并不因为朝代之改变而有所不同。

为了维持阶级的尊严，庶民是不许畜养奴隶的，《明律》四《户律》一：

庶民之家存养奴婢者，杖一百，即放从良。

良贱绝对不许通婚，《明律》六《户律》：

凡家长与奴娶良人女为妻者，杖八十。女家减一等。不知者不坐，其奴自娶者罪亦如之。家长知情者减二等，因而入籍为婢者杖一百。若妄以奴婢为良人而与良人为夫妻者，杖九十，各离异改正。

奸淫的处刑也不问行为，只问所属阶级，《明律》二十五《刑律》八：

凡奴及雇工人奸家长妻女者各斩。妾各减一等，强者亦斩。凡奴奸良人妇女者，加凡奸罪一等。良人奸他人婢者减一等，奴婢相奸者以凡奸论。

殴骂杀伤也是一样，《明律》二十《刑律》三：

凡奴婢殴良人者加凡人一等，至笃疾者绞，死者斩。其良人殴伤杀他人奴婢者减凡人一等，若死及故杀者绞。若奴婢自相殴伤杀者，各依凡斗伤法，相侵财物者不用此律。

凡奴婢殴家长者皆斩，杀者皆凌迟处死，过失杀者绞，伤者杖一百，流三千里。

若奴婢殴旧家长，及家长殴旧奴婢者各以凡人论。

凡奴婢骂家长者绞。若雇工人骂家长者，杖八十，徒二年。

大体地说来，私人畜养的奴隶愈多，国家的人民就愈少，租税力役的供给就会感觉到困难。以此政府虽然为代表官僚贵族地主的少数集团利益而存在，但是，这少数集团的过分发展将要动摇政府生存的基础时，政府也会和这少数集团争夺人口，发生内部的斗争。著例如洪武五年（1372）五月下诏解放过去因战争流亡，因而为人奴隶的大量奴隶。正统十二年（1447）云南鹤庆军民府因为所辖诸州土官，家僮庄户，动计四千，不供租赋，放逸为非，要求依照品级，量免数丁，其余悉数编入民籍，俾供徭役。政府议决的方案是四品以上免十六丁，五品六品免十二丁，七品以下递减二丁，其余尽数解放，归入民籍。但是，在实际上，这些法令是不会发生效力的，因为庶民不许畜养奴隶，而畜养奴隶的人正是支持政府的这少数官僚贵族地主集团，法令只是为庶民而设，刑不上大夫，这法令当然是落空的。

三、奴隶的生活

明代统治集团畜养奴婢的数量是值得注意的，单就吴宽《匏翁家藏集》的几篇墓志铭说，卷五十七《先世事略》：

先母张氏，勤劳内助，开拓产业，僮奴千指，衣食必均。

七十四《承事郎王应祥墓表》：

家有僮奴千指。

何乔新《何文肃公集》三十一《故承事郎赵君孺人华氏

墓表》：

无锡赵氏族大资厚，僮使千指。

唐顺之《荆川文集》十一《葛母传》：

葛翁容庵，游于商贾中，殖其家，僮婢三百余指。

嘉靖时名相徐阶家人多至数千。[1]至于军人贵族，那更不用说了，洪武时代的凉国公蓝玉蓄庄奴假子数千人[2]，武定侯郭英私养家奴百五十余人。[3]

大量奴隶的畜养，除开少数的家庭奴隶，为供奔走服役的以外，大部分是用来作为生产力量的。用于农业的例子如《匏翁家藏集》五十八《徐南溪传》：

徐讷不自安逸，率其僮奴，服劳农事，家用再起。

六十五《封文林郎江西道监察御史王公墓志铭》：

吴江王宗吉置田使僮奴耕以养生，久之，囷有余粟。

《何文肃公文集》三十《先伯父稼轩先生墓志铭》：

买田一区，帅群僮耕之。

用于商业的例子如《匏翁家藏集》六十一《裕庵汤府君墓志铭》：

世勤生殖，有兄弟八人，其仕者曰渭，他皆行货于外，其家出者，率僮奴能协力化居，而收倍蓰之息。

六十二《李君信墓志铭》：

益督僮奴治生业，入则量物货，出则置田亩，家卒赖以不堕。

---

① （明）于慎行：《谷山笔麈》五。
② 《明太祖实录》卷二二五。
③ 《明太祖实录》卷一五五。

用于工业的如《谷山笔麈》所记：

> 吴人以织作为业，即士大夫家多以纺织求利，其俗勤啬好殖，以故富庶。然而可议者如华亭相（徐阶）在位，多蓄织妇，岁计所织，与市为贾，公仪休之所不为也。

高度的劳动力的剥削，造成这些统治集团大量的财富，奴隶过着牛马一样的生活，在精神上也被当作牛马一样看待。谢肇淛《五杂俎》十四《事部》说，福建长乐奴庶之别极严，为人奴者子孙不许读书应试，违者必群击之。新安之俗，不禁出仕，而禁婚姻。江苏娄县为主仆之分尤严，据《研堂见闻杂记》：

> 吾娄风俗极重主仆，男子入富家为奴，即立身契，终身不敢雁行立。有役呼之，不敢失尺寸。而子孙累世不得脱籍，间有富厚者，以多金赎之，即名赎而终不得与等肩，此制驭人奴之律令也。

四、明末的奴变

奴隶在统治集团的政治和军力控制之下，他们受尽了虐待，受尽了侮辱。然而，一到这集团腐烂了，政治崩溃了，军队解体了，整个社会组织涣散无力了，他们便一哄而起，要索还身契，解放自己和他的家族了。明代末年的奴隶解放运动，可以说是历史上最光辉的一件大事。这运动从崇祯十六年（1643）到弘光元年（1644—1646），地域从湖北蔓延到江浙。

徐鼒《小腆纪年》卷二：

> 崇祯十六年四月，（张）献忠连陷麻城。楚士大夫仆隶之盛甲天

下，而麻城尤甲于全楚。梅刘田李诸右姓家僮不下三四千人，雄张里闾间。寇之将作也，（奴）思齐以民伍为相蔽，听其纠率同党，坎牲为盟曰里仁会。诸家竞饰衣冠以夸耀之，其人遂炮烙衣冠，推刃故主，城中大乱。城外义兵围之，里仁会之人大惧，其渠汤志杀诸生六十人，而推其与己合者曰周文江为主，缒城求救于献忠。献忠自残败后，步卒多降于自成麾下，惟骑士七千人，闻麻城使至，大喜，进兵城外，义兵解围走，献忠遂入麻城，城中降者五万七千人，献忠别立一军名曰新营，改麻城为州，以文江知州事。

次年北都政权覆灭后，嘉定又起奴变，《小腆纪年》卷六：

崇祯十七年（1644）五月，嘉定华生家客勾合他家奴及群不逞近万人，突起劫杀，各缚其主而杖之，踞坐索身契。（苏松巡抚祁）彪佳捕斩数人，余尽掩诣狱，令曰，有原主来保者得免死，于是诸奴搏颡行匄原主以免。

金堡《徧行堂集》卷六《朱它园传》：

东南故家奴树党叛主，所在横行。翁家群奴谋乘宗祠长至之祀，围而焚之。翁即从山中，归预祭毕，门外剑戟林立，翁久以恩信孚诸健儿，里无赖闻声辄敛手。

至是出叱之去，群奴尽靡，翁密语当涂，诛其首恶，乱始定，主仆之分始明。

虽然被地方政府用军力压服，可是这运动还是在继续发展，《研堂见闻杂记》记1646年娄县的情形：

乙酉乱，奴中有黠者，倡为索契之说，以鼎革故，奴例何得如初。一呼千应，各至主门，立逼身契。主人捧纸待，稍后时即举火焚屋，间有缚主人者。虽最相得受恩，此时各易面孔为虎狼，老拳恶声相加。凡小奚佃婢在主人所者，立即扶出，不得缓半刻。其大家不习井饪事者，不得不自举火。自城及镇及各村，而东村尤甚，鸣锣聚众，每日有数千人，鼓噪而行，群夫至家，主人落魄，焚劫杀掠，反掌间耳，如是数日而势稍定。

到建州政权在各地奠定以后，这些旧地主官僚和资本家又得到新主人的荫蔽了，他们替新主人镇压人民，维持秩序，搜括财富，征发劳役，自然，所得到的报酬是财产的尊重和奴隶的控制。

一部分人民的厄运，又因大清帝国的成立，而延续了将近三百年。

第二章

古人为官有『道』

古人读书不易

造纸印刷术发明之前，古人读书有多难？

　　古代人读书很不容易，因为在印刷术和纸没有发明之前，一般人是读不起书的。书很贵重，得用手抄写在竹简或者木牍上。一片竹简、木牍写不了多少字，几部书装满了好几车子。有人说"学富五车"，说是念的书超过五部车子装的简牍，其实用今天的眼光看，五个车子的书并不怎么多。孔子念书很用功，"韦编三绝"，韦是皮带子，竹简、木牍用皮带子挂起来，才不至于乱。这种书是用绳子编起来的，所以叫作"编"。读得多了，把皮带都翻断了三次，是形容他老人家非常用功，对一部书反复阅读，熟读精读的意思。一句话，这样贵重的书，普通人是读不起的。后来人们把书写到帛上，卷成一卷的，一部书又分作若干卷。帛也很贵，只有有钱人才抄得起。到了纸发明了，虽然便宜些，但是还得手抄，抄一部书很费事，抄很多部书就更麻烦了，一般人还是抄不起。用纸写的书，可以装订成册，册是象形文字。所以书又有"册"的名称。有了书，还得有人教，古代学校很少，只有贵族官僚子弟才能上学。虽然有些私人讲学的，但也交学费，交不起的人还是上不了学。因为书贵，书少，一个学校的学生就不可能人人有书，只能凭老师口授，自己笔记。这样，学习的时间就要长一些，靠劳动才能生活的人们，读书便更不容易了。

总之，由于物质条件的限制，古代人读书，尤其要读很多书是困难的。也正因为这样，读书也有阶级的限制，官僚子弟读书容易，平民子弟读书困难，知识被垄断了，士排列在农、工、商之前，就是这个道理。

到印刷术发明以后，书籍成为商品，可以在书店里买到了，但是，还是有限制，穷人买不起书，更买不起很多书。穷人要读书，得想法借，得自己抄，这是很困难的。例如十四世纪时，书已经成万部地印出，各大城市都有书肆，但是穷人要读书，还是非常艰苦。明初有名的学者宋濂，写了一篇《送东阳马生序》，谈他自己读书的艰苦情况说：

我小的时候，就喜欢研究学问，家里穷，弄不到书，只好到有书的人家借，亲自抄写，约定日子还。大冷天，砚都结冰了，手指冻得弯不过来，还是赶着抄，抄完了送回去，不敢错过日子。因为这样，人家才肯借书给我，也才能读很多书。

到成年了，越发想多读书，可是没有好老师，只好赶到百多里外，找有名望的老先生请教，弓着身子，侧着耳朵，听他教诲。碰到他发脾气，我越发恭谨，不敢说一句话，等他高兴了，又再请教。我虽然听得不很明白，但到底还是学了一些知识。

当我去求师的时候，背着行李，走过深山巨谷。冬天大风大雪，雪深到几尺，脚皮都裂了也不知道。到了客栈，四肢都冻僵了，人家给喝热水，盖了被子，半天才暖和过来。一天吃两顿，穿件破棉袍，从不羡慕别人吃得好，穿得好，也从不觉得自己寒伧。因为求得知识是最快乐的事情，别的便不理会了。

宋濂是在这样艰苦的情况下，经过努力，攀登学问的高峰的。他在文章的后面，劝告当时的学生说：

你们现在在太学上学，国家供给伙食、衣服，不必挨饿受冻了。在大房子里念书，用不着奔走求师了。有司业、博士教你们，不会有问了不答、求而不理的事情了。要读的书都有了，不必像我那样向人借来抄写。有这样的条件，还学不好，要不是天资差，就是不像我那样专心、用功。这样好条件，还学不好，是说不过去的。

这一段话，我读了很动心。今天，我们学习的条件，比宋濂所劝告的那些学生的时代，不知道要好多少倍，要是不努力，学不好，我看，也是说不过去的。

国子监

古代的"大学"，批量生产"官僚"

中国历史上是否有大学呢？以前有国子监或称国子学，有人便把它当作大学的前身。为什么两者可以拿来相比较呢？因有今日所指是国立大学。它，一、是政府办的。二、多在政府的中心地。三、经费由政府支出。四、还有什么我不知道。而过去的国子学或国子监也正是如此。那时也有各种补助金，相当于今日的"学术研究补助费"，也有发米发布的，相当于今日的"配给物品"。因此两个名字便联在一起了。我只拿十四世纪中叶至十五世纪初年这期间国子监的情形研究一下，看看有哪些与今日相同或不相同之处。

今天的大学门口，往往有两个杆子，一个挂国旗，一个挂党旗。过去虽然还没有国旗，但是门前的杆子，也有一根。在南京国子监，这根杆子竖立的时间有一百二十二年。它是挂学生的脑袋用的。我们可以从它看出明太祖办学校的目的。再说到学制、待遇等问题，这里面最重要最值得我们注意的一项便是学规。

首先，我想说那时朱元璋为何办学校。他常提到"教育"两个字，但意义和现在大不相同。他也是教育人才，但教育了这些人才干什么？简单的答案是训练官僚，可以叫作"官僚养成所"。为什么呢？因为他自己出身低微，是一个拿枪杆子的出身，没有多少学识，他的那帮功臣也是一样。要建立一个稳定的政治机构，却不是这帮只知道杀人放火的武将搞得来的。因为有很多事情，尤其是公文程式上，不是官所能够懂的，非用这一帮胥吏不可。但是朱元璋和他的那些功臣们早年都是吃过吏的亏的，不敢用。于是只好找读书人替他做事了。但这些当时叫读书人的知识分子都有一个毛病，他们要看准了才肯做。当朱元璋称帝的时候，离北平还远，福建两广也是他人天下，云南更不必说。很多知识分子觉得他的政权还不稳当，怕上当，不肯干。另外一种是祖先做过大官的，看不起朱元璋，也不干。朱命地方官压迫他们，还是不行。于是订出法令，不干就砍头。然而，还是不行，不得已，只好照历史的旧轨道办国子监，制造官僚人才，而美其名曰"教育"。

初办的时候规模很小，一百五十人中"官生"（官家子弟）占三分之二，"民生"只有五十人，后来越很发达，在明太祖时最多就到过九十多人。但实际上官僚子弟不必读书就可以做官，所以来国子监的并不多。于是又办府学县学，那里面的学生可以不经考试而保送入国子监。经过地方官吏的保送，再经过翰林院通过，才能入国子监。这种入国子监的方法，不是自愿的，而是选拔的。

讲到国子监的组织，第一个人就是祭酒，四品官，相当于今日的大学校长。另外有一个管理学生的官叫监丞，位不过八九品，但权力很大。学生犯了过失，有四种处罚，第一种是打板子，第二种是记过，再严重的就是充军。不但剥夺个人的公民权利，有时连他的全家也要充军。更严重的就要砍脑袋了。所以这个官相当于今日的训导长，只是他的职权不仅是训导学生，而且也训导先生，监督先生。

这种学校就是一个衙门。今日提倡"学校机关化，机关学校化"，那时却根本不是什么化不化的问题。它本身就是如此。

然则又念些什么书呢？根据学规：一、御治大诰，翻成现代语就是皇帝训词。二、大明律。三、汉朝留下的《说苑》，相当于今日小学内专讲修身的公民。四、四书五经。但经过朱元璋自己的研究，觉得孟子的思想很有问题，例如孟子书中有"民为贵，君为轻，社稷次之"，"君视民如草芥，则民视君如寇仇"，等等，他都觉得不好。但是自己又弄不太通，便组织了一个"审察委员会"，把《孟子》删去了八十五条，剩下一百多条，另编成书。这还不算，他还把孟子的牌位从孔庙中搬出，开除了孟子的学籍。经过很多人的反对，他自己想想，孟子的书既然消了毒，他本身上大概也消了毒，让他复学算了；这才把孟子的牌位搬回孔庙，让他复了学。

从史料中我们可以找出两次学潮。第一次是洪武十八年（1385）。在那时，每天几乎都有学生饿死，有些饿得受不了就只好上吊。于是国子监又成了集中营。学生被学规限制了，不敢说话。这次学潮结果杀了吏部尚书和六七个同情学生的教授，这是第一次学潮。

第二次发生在洪武二十七年（1394），用现代话说应该说是

"壁报风潮"。当时有个学生赵麟批评国子监的不好。事情败露后，按规定是只应该打一百下再充军的，结果是砍了头。

这些太学生训练出来干什么呢？主要是做官。

这样一个国子监，如果我们用"大学"或"教育"这些现代名词来说明它们，我觉得是侮辱了这些名词，对不起这些名词。

我们毋宁用我开头讲的"官僚养成所"这些名称。那么可以明了为什么中国历史几千年却没有一个几千年历史的大学。这和什么校董会是没有什么关系的，因为皇帝老子便是校董。因此我又想到今天中国有些问题之所以成问题，最要紧的原因是中国的文字发生了问题。好多新东西没有新的字可用，不能不拿一些旧字旧名词来代表它们，于是一切的名词的意义便搅混了。这些混乱情形，我今天所说的虽不过是"统治教育的史例"，但这也是一个"滥用名词"的史例。因此我今天便有如此的一个结论：今天有许多人所说的那一套，也许和实际情形往往是完全不相干的。

南人与北人

南方人做官受歧视，直到新式交通来解围

在新式的交通工具没有输入中国以前，高山和大川把中国分成若干自然区域，每一区域因地理上的限制和历史上的关系，自然地形成它的特殊色彩，保有它的方言和习惯。除开少数的商旅和仕宦以外，大部分人都窒处乡里，和外界不相往来。经过长期的历史上的年代，各地的地方色彩愈加浓厚，排他性因之愈强，不肯轻易接受新的事物。《汉书·地理志》记秦民有先王遗风，好稼穑，务本业；巴、蜀民食稻鱼，无凶年忧，俗不愁苦，而轻易淫佚，柔弱褊阨；周人巧伪趋利，贵财贱义，高富下贫，憙为商贾，不好仕宦；燕俗愚悍少虑，轻薄无威，亦有所长，敢于急人；吴民好用剑，轻死易发；郑土陿而险，山居谷汲，男女亟聚会，其俗淫……是说明地方性的好例。

到统一以后，各地政治上的界限虽已废除，但其特性仍因其特殊的地理环境而被保留。虽然中间曾经过若干次的流徙和婚姻的结合，使不同地域的人有混合同化的机会，但这也只限于邻近的区域，较远的和极远的人仍是处于截然不同的社会生活。例如吴越相邻，这两地的方言、习惯，及日常生活、文化水准便相去不远，比较能互相了解。但如秦、越则处于"风马牛不相及"的地位，虽然是同文同族，却各有不同的方言、不同的习惯、不同的日常生活，差别极远。以此，在地理上比较接近的区域便自然地发生联系，自成一组，在发生战事或其他问题时，同区域的人和同组的人便一致起而和他区他组对抗。在和平时，也常常因权力的争夺发挥排他性，排斥他区他组的人物。这种情形从政治史上去观察，可以得到许多极好的例证。

依着自然的河流，区分中国为南北二部，南人北人的名词因此也常被政治家所提出。过去历史上的执政者大抵多起自北方，因之政权就常在北人手中，南人常被排斥。例如《南史·张绪传》：

（齐高）帝欲用（张）绪为右仆射，以问王俭。俭曰："绪少有清望，诚美选矣。南士由来少居此职。"褚彦回曰："俭少年或未忆耳。江左用陆玩、顾和，皆南人也。"俭曰："晋氏衰政，不可为则。"

同书《沈文季传》：

（宋）武帝谓文季曰："南士无仆射，多历年所。"文季曰："南风不竞，非复一日。"

可见即使是在南朝，"南士"也少居要路，东晋用南人执政，至被讥为衰政。

北宋初期至约定不用南人为相，释文莹《道山清话》：

太祖常有言不用南人为相，国史皆载，陶谷《开基万年录》《开宝史谱》皆言之甚详，云太祖亲写南人不得坐吾此堂，刻石政事堂上。

《通鉴》亦记：

宋真宗久欲相王钦若。王旦曰："臣见祖宗朝未尝有南人当国者。虽古称立贤无方，然须贤士乃可。臣为宰相，不敢阻抑人，此亦公议也。"乃止钦若入相。钦若语人曰："为子明迟我十年作宰相。"

当国大臣亦故意排斥南人，不令得志，《江邻几杂志》记：

寇莱公性自矜，恶南人轻巧。萧贯当作状元，莱公进曰："南方下国，不宜冠多士，遂用蔡齐。"出院顾同列曰："又与中原夺得一状元。"

《宋史·晏殊传》：

晏殊，字同叔，抚州临川人，七岁能属文。景德初，张知白安抚江南，以神童荐之。帝召殊与进士千余人并试廷中，殊神气不慑，援笔立成。帝嘉赏，赐同进士出身。宰相寇准曰："殊江外人。"帝顾曰："张九龄非江外人耶？"

蒙古人入主中原后，南人仍因历史的关系而被摈斥。《元史·程钜夫传》：

至元二十四年（1287）立尚书省，诏以为参知政事，钜夫固辞。又命为御史中丞，台臣言："钜夫南人，且年少。"帝大怒曰："汝未用南人，何以知南人不可用。自今省部台院，必参用南人。"

虽经世祖特令进用南人，可是仍不能打破这根深蒂固的南北之见，南人仍被轻视，为北人所嫉妒。同书《陈孚传》：

至元三十年（1293）陈孚使安南还，帝方欲寘之要地，而廷臣以孚南人，且尚气，颇嫉忌之，遂除建德路总管府治中。

《元明善传》说得更是明白：

明善与虞集初相得甚欢，至京师，乃复不能相下。董士选属明善曰："复初（明善）与伯生（集）他日必皆光显，然恐不免为人构间。复初中原人也，仕必当道。伯生南人，将为复初摧折。今为我饮此酒，慎勿如是。"

南人至被称为"腊鸡"，叶子奇《草木子》说：

南人在都求仕者，北人目为腊鸡，至以相詈诟，盖腊鸡为南方馈北人之物也，故云。

到明起于江南，将相均江淮子弟，南人得势。几个有见识的君主却又矫枉过正，深恐南人怀私摈斥北士，特别建立一种南北均等的考试制度。在此制度未创设以前，且曾发生因南北之见而引起的科场大案。《明史·选举志》记：

初制，礼闱取士不分南北。自洪武丁丑，考官刘三吾、白信蹈所取宋琮等五十二人，皆南士。三月，廷试擢陈䢰为第一，帝怒所取之偏，命侍读张信等十二人复阅，䢰亦与焉。帝怒犹不已，悉诛信蹈及信䢰等，戍三吾于边。亲自阅卷，取任伯安等六十一人。六月复廷试，以韩克忠为第一，皆北士也。

洪熙元年（1425），仁宗命杨士奇等定取士之额，南人十六，北人十四。宣德正统间分为南、北、中卷，以百人为率，则南取五十五名，北取三十五名，中取十名。南卷为应天及苏松诸府、浙江、江西、福建、湖广、广东。北卷为顺天、山东、山西、河南、陕西。中卷为四川、广西、云南、贵州，及凤阳、庐州二府，滁、徐、和三州。成化二十二年（1486），四川人万安周弘谟当国，曾减南北各二名以益于中。至弘治二年（1489）仍复旧制。到正德初年（1506），刘瑾（陕西人）、焦芳（河南人）用事，增乡试额，陕西为百人，河南为九十五，山东、山西均九十。又以会试分南、北、中卷为不均，增四川额十名并入南卷，其余并入北卷，南北均取百五十名。瑾、芳败，又复旧制。天顺四年（1460）又令不用南人为庶吉士，《可斋杂记》说：

天顺庚辰春廷试进士第一甲，得王羲等三人。后数日上召李贤谕曰："永荣宣德中咸教养待用，今科进士中可选人物正当者二十余人为庶吉士，止选北方人，不用南人。南方若有似彭时者方选取。"贤出以语时，时疑贤欲抑南人进北人，故为此语，因应之曰："立贤无方，何分南北？"贤曰："果上意也，奈何！已而内官牛玉复传上命如前，令内阁会吏部同选。"时对玉曰："南方士人岂独时比，优于时者亦甚多也。"玉笑曰："且选来看。"是日贤与三人同诣吏部，选得十五人，南方止三人，而江南惟张元祯得与云。

但在实际上，仍不能免除南北之见，例如《朝野记略》所记一事：

正德戊辰，康对山海（陕西人）同考会试，场中拟高陵吕仲木柟为第一，而主者置之第六。海忿，言于朝曰："仲木天下士也，场中文卷无可与并者；今乃以南北之私，忘天下之公，蔽贤之罪，谁则当之。会试若能屈矣，能屈其廷试乎？"时内阁王济之（鏊，震泽人）为主考，甚怨海焉。及廷试，吕果第一人，又甚服之。

到末年吴、楚、浙、宣、昆诸党更因地立党，互相攻击排斥，此伏彼起，一直闹到亡国。

在异族割据下或统治下，征服者和被征服者的关系愈加尖锐化。如南北朝时期"索虏""岛夷"之互相蔑视，元代蒙古、色目、汉人、南人之社会阶级差异，清代前期之满汉关系及汉人之被虐待、残杀、压迫。在这情形下，汉族又被看作一个整体——南人。在这整体之下的北人和南人却并不因整个民族之受压迫而停止带有历史性的歧视和互相排斥，结果是徒然分化了自己的力量，延长和扩大征服者的统治权力。这在上举元代的几个例证中已经说明了这个具体的事实了。

也许在近百年史中最值得纪念的大事，是新式的交通工具及方法之输入。它使高山大川失却其神秘性，缩短了距离和时间，无形中使几千年来的南北之见自然消除，建设了一个新的、统一的民族。

"社会贤达"考

古代的"社会贤达"，大多都是"戏精"

"社会贤达"这一名词是颇为有趣的，仔细想想，会使人好笑。因为，第一，似乎只有在社会上才有贤达，那么，在政府里的诸公算是什么呢？第二，社会"贤达"如王云五先生之流者居然做了官了，人不在社会而在政府，上面两字安不上，下面"贤达"两字是不是也跟着勾销呢？如虽入政府而仍为"贤达"，何以并没有创立"政府贤达"这一名词呢？第三，"社会"这一词的定义，到底算是和政府的对称呢，还是民间和政府的桥梁呢？如是前者，有几位"贤达"身在江湖，心悬魏阙，和政府本是一家，强冠以"社会"之谥，未免牛头不对马嘴。如是后者，干脆叫半官或次官好了，用不着忸怩作态，害得有几位贤达在若干场合"犹抱琵琶半遮面"，好不难为情也。

不管怎样，这一名词已经成为历史的了。有历史癖的我，很想作一番历史上"社会贤达"的考据，替许多未来的新贵找一历史的渊源。

　　想了又想，历史上实在没有"社会贤达"这东西。勉强附会，以"贤达"而得官，或虽为"贤达"而毕生志业仍在做官，甚至闹到喜极而泣，"庙堂初入泪交流"的境界，或则"头在外面"，时蒙召宴垂询之荣，生前可以登报，死后可以刻入墓志铭者，比之于古，其惟"隐士""山人"之流乎？

　　首先想起的是终南捷径的故事。

　　《旧唐书》卷九十四《卢藏用传》："卢藏用，字子潜，度支尚书承庆之侄孙也。父璥，有名于时，官至魏州司马。藏用少以辞学著称，初举进士选，不调，乃著《芳草赋》以见意。寻隐居终南山（新书作与兄微明偕隐终南少室二山），学辟谷练气之术。长安中（701—705）征拜左拾遗……景龙中（707—709）为吏部侍郎。藏用性无挺特，多为权要所逼，颇隳公道。又迁黄门侍郎，兼昭文馆学士，转工部侍郎、尚书右丞。先天中（712）坐托附太平公主，配流岭表（新书作附太平公主，主诛，玄宗欲捕斩藏用，顾未执政，意解，乃流新州）。开元初起为黔州都督府长史，兼判都督事，未行而卒（新书作卒于始兴）。……藏用工篆隶，好琴棋，当时称为多能之士（新书作藏用善著龟九宫术，工草隶大小篆八分，善琴，弈思精远，士贵其多能）。……然初隐居之时，有贞俭之操，往来于少室终南二山，时人称为随驾隐士。及登朝，趑趄诡佞，专事权贵，奢靡淫纵，以此获讥于世。"（新书作："始隐山中时，有意当世，人目为随驾隐士。晚乃拘权利，务为骄纵，素节尽矣。司马承祯尝召至阙下，将还山，藏用指终南曰，此中大有嘉处，承祯徐曰，以仆视之，仕宦之捷径耳！藏用惭。"）

　　这故事是非常现实的。叔祖做过大官，父亲也做地方小官，学会了诗词歌赋，又会卜卦算命写字，加上琴呀，棋呀，样样都会，够得上是名士了。偏偏官星不耀，做不了官，于是写一篇赋，自比为芳草，哀哀怨怨，搔首弄姿，怪没有识货的来抬举。不料还是白操心，于是只好当隐士了。隐得太远太深，怕又和朝堂脱了节，拣一个靠近长安的，"独上高山望帝京"。再拣一个靠洛阳的，以便皇帝东幸时跟着走。"随驾隐士"一词实在妙不可言，其妙相当于现在的上海和庐山，两头总有一个着落。隐了几年，跟了几年，名气有了，盛朝圣世是应该征举遗逸的，于是得了"社会贤达"之名而驰马奔命，赶进京师"初入朝堂"了。

苦了几年，望了几年，不料还是小官，于是只好奔走权贵，使出满身解数，巴上了太平公主，从此步步高升，要不是闹政变，眼见指日拜相执政了。

临了，被司马承祯这老头开了一个玩笑，说终南山是仕宦捷径。其实卢藏用也真不会在乎，他不为仕宦，又上终南山去则甚？编《旧唐书》的史官，也太过糊涂了，似乎他以为卢藏用在做"随驾隐士"时颇有贞俭之操，到做了官才变坏，其实并不然。反之，"趑趄诡佞，专事权贵，奢靡淫纵"，才是他的本性。在山中的"贞俭"是无可奈何的，试问在山中他不贞俭，能囤积松木、泉水不成？而且，如不贞俭，又如何能得社会贤达之名，钻得进朝堂去？

从这一历史故事看，"社会贤达"一词和"终南捷径"正是半斤八两，铢两悉称。

卢藏用这一招灵了，到宋朝种放也照样来一套。

《宋史》卷四五七《种放传》："种放字明逸，河南洛阳人也。……每往来嵩华间，慨然有山林意。……与母俱隐终南豹林谷之东明峰，结草为庐，仅庇风雨。以讲习为业，从学者众，得束脩以养母。母亦乐道，薄滋味……粮糗乏绝，止食芋栗……自豹林抵州郭七十里，徒步与樵人往返。"可见他原来是穷苦人家。可是到了隐居成名，又做大官，又兼隐士的差的时候，便完全不同了。"太宗嘉其节，诏京兆赐以缗钱使养母，不夺其志，有司岁时存问。咸平元年（998）母卒，……诏赐钱三万、帛三十匹、米三十斛以助其丧。四年……赍装钱（旅费）五万……赐帛百匹、钱十万。……赐昭庆坊第一区，加帷帐什物，银器五百两，钱三十万。……还山后仍特给月奉。"钱多了，立刻成大地主，《宋史》说他："……晚节颇饰舆服，于长安广置良田，岁利甚博。亦有强市者，遂致争讼。门人族属，依倚恣横。……徙居嵩山，……犹往来终南，按视田亩，每行必给驿乘，在道或亲诟驿吏，规算粮具之直。"简直是个土豪劣绅了。

种放之移居嵩山，是被当地地方官王嗣宗赶走的。《宋史》卷二百八十七《王嗣宗传》："嗣宗知永兴军府（长安）。……时种放得告归山，嗣宗逆于传舍，礼之甚厚。放既醉，稍倨。嗣宗怒，以语讥放。放曰：君以手博得状元耳，何足道也！初嗣宗就试讲武殿，搏赵昌言帽，攫首科，故放及之。嗣宗愧恨，因上疏言：所部兼并之家，侵渔众民，凌暴孤寡，凡十余族，而放为之首。放弟侄无赖，据林麓樵采，周回二百余里，夺编氓厚利。愿以臣疏下放，赐放终南田百亩，徙放嵩山。疏辞极于诟辱，至目放为魑魅。真宗方厚待放，令徙居嵩阳避之。"嗣宗极为高兴，把他生平所做的事——掘邠州狐穴，发镇州边肃奸贼，和徙种放为除三害。

种放比卢藏用高明的地方，是又做大官，又保留隐士的身份。他的老朋友陈尧叟在朝执政，陈家是大族，脚力硬，想做官时求陈尧叟向皇帝说一声，来一套征召大典，风风光光去做官。过一阵子又说不愿做官了，还是回山当隐士。于是皇帝又大摆送行宴，送盘缠服装。到山后，地方官还奉命按时请安，威风之至。再过一阵子，官瘾又发了，又回朝，隔一晌又还山。反正照样拿薪水，并不折本。而且，还山一次再回朝，官就高一次，又何乐而不为！凑上宋真宗也是喜欢这一套，弄个把隐士来点缀盛世。一唱一和，大家都当戏作，这中间只害了老实人王嗣宗，白发一顿脾气。

从这一历史故事看，做官和做隐士并不冲突，而且相得益彰。当今的社会贤达，已经上了戏台的和正在打算上戏台彩排的，何妨熟读此传，隔天下台了，还可以死抱住"社会贤达"的本钱不放，哇啦啦大喊，一为社会贤达，生死以之，海可枯，石可烂，此名不可改。

仕宦阶级的生活

时代限制了你的想象力，古代官僚有多奢侈？

这时代、这一阶级的生活，除了极少数的例外，可以用"骄奢淫逸"四字书之。风行草偃，以这阶级作重心的社会，也整个地被濡染在风气中。由这种生活和风气所产生的文化，当然也是多余的、消费的、颓废的。

骄奢淫逸的生活，在明代前期即已有人具体地指出，以当时的首都京师——北京作代表，一事佛，二营丧，三服食，四倡优，五赌博：

> 正统十三年（1448）八月己卯，巡按直隶监察御史陈鉴言：今风俗浇浮，京师为甚。冠襁窃发，畿甸为多。此愚者以为迂缓不急之务，而知者所深虑也。臣推其故有五：其一军民之家，事佛过盛，供养布施，倾赀不吝。其二营办丧事，率至破家，惟夸观视之美，实非送死之益。其三服食靡丽，侈用伤财。其四倡优为蠹，淫败无极。其五赌博破产，十凡八九。凡此数者，前此未尝不禁，但禁之不严，齐之无礼，日滋月炽，害治非细。请下有司申明国初条例，

参以前代礼制，务使其简而易知，畏而不犯，则盗贼可以消弭，而风俗可以还淳。礼部尚书胡濙等以为所言者已尝屡有禁令，无庸别作施行。事遂止。①

五十年后，周玺上疏说出当时奢侈的生活：

中外臣僚士庶之家，靡丽侈华，彼此相尚，而借贷费用，习以为常。居室则一概雕画，首饰则滥用金宝，倡优下贱以绫绸为袴，市井光棍以锦绣缘袜，工匠厮役之人任意制造，殊不畏惮。虽朝廷禁止之诏屡下，而奢靡僭用之习自如。②

又过五十年，嘉靖时（1522—1566）钱薇则以为弘治间（1488—1505）侈在勋戚、正德间（1506—1521）奢乃在士大夫。他说：

党蓝田昔游京师，在弘治间，士大夫彬彬以礼自饬，诸勋戚乃有侈而泰者。正德时奢乃在士大夫，石齐阁老与宁、堂辈序约兄弟，每饮，赏庖役白金多或至二百，噫！宴劳之滥，自此始矣。③

到世宗朝严氏父子当国，穷奢极欲的风气遂达顶点。例如严家子孙的生活：

严嵩孙严绍庚、严鹄等尝对人言，一年尽费二万金，尚苦多藏无可用处。于是竞相穷奢极欲。④

严嵩门下鄢懋卿的生活：

恃严嵩之势，总理两浙、两淮、长芦、河东盐政。性奢侈，至

---

① 《明英宗实录》卷一六九。
② （明）周玺：《垂光集》卷一，《论治化疏》。
③ （明）钱薇：《承启堂稿》卷二六，《故锦衣党蓝田墓志铭》。
④ （明）田艺蘅：《留青日札》。

以文锦被厕床，白金饰溺器。……其按部，尝与妻偕行，制五彩舆，令十二女子舁之，道路倾骇。①

朱国桢把这时代和永乐时代比较说：

永乐时阁臣子弟至附舟潜行，盖国初规制如此。即大臣不敢过分，何况子弟？余入京见阁臣子弟驾驿舟极宏丽，气势烜赫，所司趋奉不暇，乡里亲戚皆缘为市。其风大约起于严氏父子，后遂不能禁，且尤而效之也。②

万历初年名相张居正奉旨归葬时，沿途地方官挖空心思趋奉：

一真定守钱普创为坐舆，前舆后室，旁有两庑，各立一童子供使令，凡用舁夫三十二人。所过牙盘上食味逾百品，犹以为无下箸处。③

闹阔的风气，也影响到民间婚姻，索重聘、陪厚嫁，有类唐代的卖婚。徐渭记浙东情形：

吾乡（山阴）近世嫁娶之俗浸薄，嫁女者以富厚相高。归之日，担负舟载，络绎于水陆之涂，绣袱冒箱笥如鳞，往往倾竭其家。而有女者益自矜高，闭门拱手以要重聘。取一第若被一命，有女虽在襁褓，则受富家子聘，多至五七百金，中家半之，下此者人轻之，谈多不及也，相率以为常。④

崇祯十二年（1639）杨嗣昌上疏说：

海内士大夫自神皇末年相习奢侈，凡宫室车马衣服器用之属，

---

①　《明史》卷三〇八，《严嵩传》。

②　（明）朱国祯：《涌幢小品》卷九。

③　《明史》卷二一三，《张居正传》。

④　（明）徐渭：《徐文长文集》卷二〇，《赠妇翁潘公序》。

无不崇饰华丽，迈越等伦。即或清高自命，宦橐无多，亦称贷母钱，缔构园亭卉木，耽娱山水诗文，以是优游卒岁为快。其亲串朋好，偶逢吉庆生辰，相率敛钱，造杯制帐，更迭酬赠，以为固然。臣等身在流俗之中，沿染至今，皆不能免。①

堵允锡上疏斥奢淫之习说：

冠裳之辈，怡堂成习，厝火忘危。膏粱文绣厌于口体，宫室妻妾昏于志虑，一簋之费数金，一日之供中产，声伎优乐，日缘而盛。夫搢绅者士民之表，表之不戒，尤以成风。于是有纨绔子弟，益侈豪华之志，以先其父兄。温饱少年，亦竞习裘马之容，以破其家业，挟弹炉头，呼卢伎室，意气已骄，心神俱溃，贤者丧志，不肖倾身，此士人之蠹也。于是又有游手之辈，习谐媚以蛊良家子，市井之徒，恣凶谲以行无赖事，白日思群，昏夜伏莽，不耕不获，生涯问诸傥来，非士非商，身业寄于亡命，狐面狼心，冶服盗质，此庶人之蠹也。如是而风俗不致颓坏，士民不致饥寒，盗贼不致风起者，未之有也。②

大声疾呼，无人理睬，流贼起而明遂亡。

从上文所引的从正统到崇祯的史料看，可见这是一个时代的风气，也是造成这时代的这一阶级的风气。这一阶级的生活趣味，全部建筑在金钱上。一生的前半期耗费在科举上，等到登科入仕以后，八股文固束之高阁，即切身的、现实的如何做事，如何从政，国家的、民族的、社会的问题都一概不管。却用全副精神来讲求物质的享受，一般地都饱食终日，无所用心，只刻意谋生活

---

① （明）杨嗣昌：《杨文弱集》卷三三，《访据疏》。
② （明）堵允锡：《堵文忠公集》卷二〇，《救时二十议疏》。

的舒适，纳姬妾、营居室、筑园亭、侈饮食、备仆役，再进而召妓女、养优伶、事博弈。雅致一点或附庸风雅的更提倡玩古董、讲版刻、组文会、究音律。这一阶级的生活风趣影响是文学、美术、建筑学、金石学、戏曲、版本学……使之具有特殊的时代的面目。

八股家幸而遭遇机缘，得了科名时，第一步是先起一个别号，如什么斋什么甫庵之类，以便于官场和同一阶级人的称呼。顾起元引王丹丘说，以为此风自嘉靖以后始盛。他说：

正德中士大夫有号者十有四五，虽有号，然多呼字。嘉靖年来，束发时即有号，末年奴仆舆隶俳优无不有之。①

第二步是娶一个姨太太，沈德符说：

搢绅羁宦都下，及士子卒业辟雍，久客无聊，多买本京妇女，以伴寂寥。②

王崇简也说：

明末习尚，士人登第后，多易号娶妾。故京师谚云：改个号，娶个小。③

第三步是建筑适合身份的居室，做大官的邸舍之多，往往骇人听闻。例如严嵩得罪籍没时的家产清单，光是第宅房屋一项，在江西原籍共有六千七百零四间，在北京的共一千七百余间。④陆炳用事时，营别宅至十余所。郑芝龙在唐王偏安一隅的小朝廷下，

① （明）顾起元：《客座赘语》卷五，《建业风俗记》。
② （明）沈德符：《万历野获编》。
③ （明）王崇简：《冬夜笺记》。
④ 参见（明）田艺蘅：《留青日札》。

秉政数月，增置仓庄至五百余所。①顾起元说：

> 正德以前，房屋矮小，厅堂多在后面。或有好事者，画以罗本，皆朴素浑坚不淫。嘉靖末年，士大夫家不必言。至于百姓有三间客厅费千金者，金碧辉煌，高耸过倍，往往重檐兽脊如官衙然。园圃僭拟公侯。下至勾栏之中，亦多画屋矣。②

仕宦阶级经构园亭风气之盛，大概也是嘉靖以后的事。陶奭龄说：

> 少时越中绝无园亭，近亦多有。然其间亦有人己之辨菜径棘篱，林木蓊蕤，内有清池数亩，修竹数千，洞房素闱，具体而微，北牖延风，南荣宾日，身可休老，子孙可诵读，亲朋过从，亦可觞咏，为己者也。岩夫雕阑绮榭，杰观危楼，修廊引带其间，花径汇缘而入，标奇踞胜，带霓饮云，使夫望之者欲就，就之者欲迷，主人有应接之烦，无燕处之适，此为人者也。③

奭龄是万历时人。可见在嘉隆以前，即素称繁庶的越中，仕宦阶级尚未有经营园亭的风气。园亭的缔构，除自己出资建置外，大抵多出于门生故吏的报效，顾公燮说：

> 前明搢绅虽素负清名者，其华屋园亭，佳城南亩，无不揽名胜，连阡陌。推原其故，皆系门生故吏代为经营，非尽出己资也。④

王世贞记南京名园，王公贵戚有太傅园，西园，魏公南园、西园，锦衣东园，万竹园，西园，徐锦衣家园，金盘李园，徐九

---

① 参见（明）林时对：《荷插丛谈》卷四。
② （明）顾起元：《客座赘语》卷五，《建业风俗记》。
③ （明）陶奭龄：《小柴桑喃喃录》卷下。
④ （清）顾公燮：《消夏闲记摘抄》卷上。

宅园，莫愁湖园，同春园，凤台园，武定侯园；士人则有市隐园，武氏园，正贡士杞园，遯园，逸园，尔祝园，吴孝廉园，何参知露园，卜太学味斋园，许典客长卿园，李象先茂才园，许长卿新园，无射园，汤太守熙台园，陆文学园，方太学园，张保御园，李民小园，武文学园，太复新园，华林园等园。①娄东（太仓）一邑有田氏园，安氏园，王锡爵园，杨氏日涉园，吴氏园，季氏园，尝氏杜家桥园，王世贞弇州园，王士骐约园，琅玡离薋园，王敬美澹园等数十园。②北京则有米仲诏湛园，勺园，漫园，宣家园，清华园等名园。全国名都大邑，都竞相建筑，园亭建筑学由之盛极一代。西洋教士东来后，将东方建筑意境带回欧洲，大大地影响了十七、十八世纪时代的欧洲园亭建筑。园中多凿水叠假山，郎瑛记：

> 近日富贵家之叠假山，是山之成也，自不能如真山之有生气，春夏且多蛇虺，而月夜不可乐也。③

张南垣至以叠石成名，为当时人造风景、园亭艺术专家，黄宗羲说：

> 三吴大家名园皆出其手。其后东至于越，北至于燕，召之者无虚日。④

对于饮食衣服，尤刻意求精，互相侈尚。正德时大臣宴会，赏赉庖役动至数百金。万历时张居正牙盘上食味逾百品，犹以为

---

① 参见（明）王世贞：《弇州山人四部稿·游金陵诸园记》。
② 参见（明）王世贞：《弇州山人四部稿·娄东园亭志》。
③ （明）郎瑛：《七修类稿》卷二。
④ （明）黄宗羲：《撰杖集·张南垣传》。

无下箸处。陶奭龄说：

> 近来人食酒席，专事华侈，非数日治具，水陆毕集，不敢轻易速客。汤饵者薮，源源而来，非惟口不给尝，兼亦目不周视，一筵之费，少亦数金。[1]

"一筵之费数金，一日之供中产。"平居则"耽耽逐逐，日为以腹谋"。张岱自述：

> 越中清馋，无过余者。喜啖方物。北京则苹婆果，黄鼬，马牙松。山东则羊肚菜，秋白梨，文官果，甜子。福建则福橘，福橘饼，牛皮糖，红腐乳。江西则青根，丰城脯。山西则天花菜。苏州则带骨鲍螺，山查丁，山查糕，松子糖，白圆，橄榄脯。嘉兴则马交鱼脯，陶庄黄雀。南京则套樱桃，桃门枣，地栗团，窝笋团，山查糖。杭州则西瓜，鸡豆子，花下藕，韭芽，元笋，塘栖蜜橘。萧山则杨梅，莼菜，鸠鸟，青鲫，方柿。诸暨则香狸，樱桃，虎栗。嵊则蕨粉，细榧，龙游糖。临海则枕头瓜。台州则瓦楞蚶，江瑶柱。浦江则火肉。东阳则南枣。山阴则破塘笋，谢橘，独山菱，河蟹，三江屯蛏，白蛤，江鱼，鲥鱼，里河鲢。远则岁致之，近则月致之，日致之。[2]

"家常宴会，但留心烹饪。庖厨之精，遂甲江左。"[3]争奇斗巧，普通的做法不足以标新立异，于是别出蹊径，惨杀物命：

> 京师……宰杀牲畜，多以惨酷取味，鹅鸭之属，皆以铁笼罩之，炙之以火，饮以椒浆，毛尽脱落，未死而肉已熟矣。驴羊之类，皆

---

① （明）陶奭龄：《小柴桑喃喃录》卷上。
② （明）张岱：《陶庵梦忆》卷四，《方物》。
③ （明）张岱：《陶庵梦忆》卷八，《张东谷好酒》。

活割取其肉，有肉尽而未死者，冤楚之状，令人不忍见闻……巨珰富戚，转相效尤，血海肉林，恬不为意。[①]

在这风气之下，专讲饮食烹调的食谱、茶谱、酒谱便成为这阶级的流行著作，饮食口腹之学也成为专门之学了。同样衣服也由布而绅绢，由浅色而淡红。隆万时范濂说：

布袍乃儒家常服，迩年鄙为寒酸，贫者必用绅绢色衣，谓之薄华丽，而恶少且从典肆中觅旧殷旧服，翻改新起，与豪华公子列坐，亦一奇也。春元必穿大红履，儒童年少者必穿浅红道袍，上海生员冬必服绒道袍，暑必用鬃巾绿伞，虽贫如思丹，亦不能免。稍富则绒衣巾盖益加盛矣。[②]

巾帽则变易更多，花样翻新，不可究诘。范濂又记：

余始为诸生时，见朋辈戴桥梁绒线巾，春元戴金线巾，搢绅戴忠靖巾。自后以为烦，俗易高士巾、素方巾，复变为唐巾、晋巾、汉巾、褊巾，丙午（1546）以来，皆用不唐不晋之巾，两边玉屏花一对。而少年貌美者加犀玉奇簪贯发。综巾始于丁卯（1567）以后，其制渐高，今又渐易。盈纱巾为松江上产，志所载者，今又有马尾罗巾、高淳罗巾，而马尾罗者与综巾似已乱真矣。童生用方包巾，自陈继儒出，用两飘带束顶，边亦去之，用吴门直罗头法，而狷儿更觉雅俏。瓦楞综帽在嘉靖初年惟生员始戴，至二十年外则富民用之，然亦仅见一二，价甚腾贵。皆尚罗帽、纻丝帽。故人称丝罗必曰帽缎……万历以来，不论贫富皆用综，价亦甚贱，有四五钱七八

---

① （明）谢肇淛：《五杂俎》。
② （明）范濂：《云间据目抄》。

钱者，又有朗素密结等名。①

此外又有玉壶巾、明道巾、折角巾、东坡巾、阳明巾等名色。②妇女服饰，正德时多用璎珞：

正德元年（1506）妇女多用珠结盖头，谓之璎珞。③

嘉靖以后则愈趋繁杂，范濂说：

妇人头髻在隆庆初年，皆尚圆褊，顶用宝花，谓之挑心，两边用捧鬓，后用满冠倒插，两耳用宝嵌大环，年少者用头箍，缀以圆花方块。身穿裙袄，袄用大袖圆领，裙有销金拖。自后翻出挑尖顶髻，鹅胆心髻，渐见长圆，并去前饰，皆尚雅装，梳头如男人直罗，不用分发鬓髻，髻皆后垂，又名堕马髻，旁插金玉梅花一二对，前用金铰丝灯笼簪，两边用西番莲稍簪插两三对，发眼中用犀玉大簪横贯一二枝，后用点翠卷荷一朵，旁加翠花一朵大如手掌，装缀明珠数颗，谓之鬓边，花插两鬓边，又谓之飘枝花。耳用珠嵌金玉丁香。衣用三领窄袖，长三尺余，如男人穿褶，仅露裙二三寸。梅条裙拖，膝裤拖初尚刻丝，又尚本色，尚画，尚插绣，尚堆纱，近又尚大红绿绣，如藕莲裙之类，而披风便服并其梅条去之矣。④

髻则愈后愈高，董含说：

余为诸生时，见妇人梳髻高三寸许，号为新样。年来渐高至六七寸，蓬松光润，谓之壮丹头，皆用假发衬垫，其垂至不可举首。又仕官家或鬏发螺髻珠宝错落，乌靴秃秃，貂皮抹额，闺阁风流，

---

① （明）范濂：《云间据目抄》。
② 参见（明）余永麟：《北窗琐语》。
③ 《明史稿·五行志·服妖》。
④ （明）范濂：《云间据目抄》。

不堪过目，而彼自以为逢时之制也。①

生活上的穷奢极欲，再进一步便是狎妓。唐宋以来的官妓，到明初仍沿其制，刘玉记：

（南京）江东门外，洪武间建轻烟、淡粉、梅妍、翠柳四楼，令官妓居之，以接四方贵客大贾，及士大夫休沐时往游焉。后士大夫多耽酒悦色废事，渐加制限。②

胡纳亦记：

台、温二郡，经方氏籍据之后，全乖人道。其地多倡家，中朝使者以事至，多挟倡饮，有司疲于供应。熊君鼎为浙佥事，下永嘉令籍倡家数千，悉械送之京。③

至宣德三年（1428）左都御史刘观挟妓宴饮被斥，《明史》记：

时未有官妓之禁，宣德初臣僚宴乐，以奢相尚，歌妓满前。观私纳贿赂，诸御史亦贪纵无忌。④

次年复有萧翔等挟妓废事案：

七月丙寅，给事中贾谅、张居杰劾奏行在户部郎中萧翔等不理职务，日惟挟妓酣饮恣乐。命悉下之狱。上谓尚书夏原吉等曰：饮酒人之常情，朕未尝禁。但君子当以廉耻相尚，倡优贱人，岂宜亵狎。近颇闻此风盛行，如刘观辈尤甚，每趁人邀请，辄以妓自随，此辈仿效，若流而不返，岂不大坏礼俗。大臣者小臣之表也，卿当以朕此言偏谕之。⑤

---

① （清）董含：《三冈识略》。
② （明）刘玉：《已疟编》。
③ （宋）胡纳：《见闻录》。
④ 《明史》卷一五一，《刘观传》。
⑤ 《明宣宗实录》卷五六。

一月后政府遂申令禁约，现任官不许狎妓：

八月丙申，上谕行在礼部尚书胡濙曰：祖宗时文武官之家，不得挟妓饮宴。近闻大小官私家饮酒，辄命妓歌唱，沈酣终日，怠废政事，甚者留宿，败坏礼俗。尔礼部揭榜禁约，再犯者必罚之。①

替代官妓的是变形男娼的小唱，沈德符说：

京师自宣德顾佐疏后，严禁官妓，搢绅无以为娱，于是小唱盛行，至今日几如西晋太康矣。②

史玄记：

唐宋有官妓侑觞，本朝惟许歌童答应，名为小唱。而京师又有小唱不唱曲之谚。每一行酒止传唱上盏及诸菜，小唱伎俩尽此焉。小唱在莲子衙衙，门与倡无异。其侏好者或乃过于倡，有耽之者往往与托合欢之梦矣。③

但非现任官吏即不受此禁例之束缚，勾栏盛况并不因之减色。驯至士人以老称妓，茅元仪曾愤慨地说：

近来士人称妓每曰老，如老一老二之类。老者吾辈所尊，而尤物所忌，似不近人情。④

十七世纪初，轻薄文人至以科举名次来标榜妓女，称为花榜，冰华梅史《燕都妓品序》：

燕赵佳人，颜美如玉，盖自古艳之。矧帝都建鼎，于今为盛。而南人风致，又复袭染薰陶，其艳宜惊天下无疑。万历丁酉庚子间

---

① 《明宣宗实录》卷五七。
② （明）沈德符：《万历野获编》卷二四。
③ （明）史玄：《旧京遗事》。
④ （明）茅元仪：《暇老斋杂记》卷四。

（1596—1606），其妖冶已极。

有状元、榜眼、探花之目。同时曹大章有《秦淮士女表》，萍乡花史有《广陵士女殿最表》。①可见这风气之普遍。余怀记南京教坊之盛，甚至说：

南曲衣裳妆束，四方取以为式。②

崇祯中四方兵起，南京未遭兵燹，这一阶级在国亡家破的前夕，依然征歌召妓：

宗室王孙，翩翩裘马，以及乌衣子弟，湖海宾游，靡不挟弹吹箫，经过赵李。每开筵宴，则传呼乐籍，罗绮芬芳，行酒纠觞，留髡送客，酒阑棋罢，堕珥遗簪，真欲界之仙都，升平之乐国也。③

明代后期的色情小说，最著者如《金瓶梅》，就是代表这时代的作品。清初孔尚任的《桃花扇》所描写的秦淮河教坊盛况，也是这时代的写实之作。

和妓女、小唱并行——或者可以说部分由妓女、小唱改业的有女戏和男戏。女戏之盛行亦为隆万以后之事，徐树丕说：

十余年苏城女戏盛行，必有乡绅为之主，盖以倡兼优，而搢绅为之主。充类言之，不知当名以何等，不肖者习而不察，滔滔者皆是也。④

以排演女戏著称的艺术家有朱云崃，以音乐著，张岱说他：

朱云崃教女戏，非教戏也，先教琴，先教琵琶，先教提琴弦子

---

①　参见《古今图书集成·艺术典》卷二八〇。

②　（清）余怀：《板桥杂记》。

③　同上。

④　（明）徐树丕：《识小录》卷上。

箫管鼓吹歌舞，借戏为之，其实不专为戏也。郭汾阳、杨越公、王司徒女乐，当日未必有此。[1]

刘晖吉以布景著：

若刘晖吉奇情幻想，欲补梨园从来之缺陷，如唐明皇游月宫，叶法善作法，场上一时黑魆地暗，手起剑落，霹雳一声，黑幔忽收，露出一月，其圆如规，四下以羊角染五色云气，中坐常仪，桂树吴刚，白兔捣药。轻纱缦之内，燃寒月明数株，光焰青黎，色如初曙，撒布成梁，遂蹑月窟，境界神奇，忘其为戏也。[2]

朱楚生则以科白著：

朱楚生，女戏耳，调腔戏耳，其科白之妙，有本腔不能得十分之一者。盖四明姚益城先生精音律，与焦生辈讲究关节，妙入情理，如《江天暮雪》《霄光剑》《画中人》等戏，虽昆山老教师，细细摹拟，断不能加其毫末也。[3]

至男戏则可分为三种：第一种是职业伶人，第二种是业余消遣，第三种是贵家戏社。职业伶人游行城乡，搭草台，临时演唱，民间重迷信，酬神赛会，必招戏班演戏，是近代最重要的民间娱乐之一。汤来贺《梨园说》：

自元人王实甫、关汉卿作俑为《西厢》，其字句音节足以动人，而后世淫词纷然继作。然闻万历中，家庭之中，犹相戒演此，恶其导淫也，且以为鄙陋而羞见之也。近日若《红梅》《桃花》《玉簪》《绿袍》等记，不啻百种。括其大意，则皆一女游园，一生窥而悦

---

[1] （明）张岱：《陶庵梦忆》卷二。
[2] （明）张岱：《陶庵梦忆》卷四。
[3] 同上。

之，遂约为夫妇，其后及第而归，即成好合，皆徒撰诡名，绝无古事可考，且意俱相同，毫无可喜，徒创此以导邪。近来各乡从前质朴者，因演戏而习冶容矣。闻某村演戏，席罢之后，妇女逐优人而去矣；又见有嗜戏之家，处子怀孕，淫乱非常矣……然乡村信神，咸矫诬其说，谓不以戏为祷，则居民难免疾病，商贾必值风涛，是以莫能禁之。①

故事的公式化，游园、定情、及第、好合四个段落，以及第为必然的中心，正是反映这个时代和这个时代人的趣味。浙江绍兴一城就聚有这类伶人至数千人之多，刘宗周《与张太符太守书》：

梨园之为天下病，不能更仆数，虽三尺童子知之，而于吾越为独甚。斗大一城，屯拥数千人，夜聚晓散，日耗千金，养奸诲盗，且挟宦家之势以陵齐民，官司不敢问。②

伶人服饰至有值千金以上者。③甚至在崇祯十四年（1641）吴中奇荒之后，仍大规模演戏，徐树丕说：

辛巳奇荒之后……而优人鲜衣美食，横行里中，人家做戏一本，费至十余金，而诸优犹恨恨嫌少。甚至有乘马者，乘舆者，在戏房索人参汤者，种种恶状。然必有乡绅主之，人家惴惴奉之，得一日无事，便为厚幸矣。④

业余消遣的，东南到处多有，浙江各地称为戏文子弟，陆

---

① 《古今图书集成·艺术典》卷八一七。
② （明）刘宗周：《刘子文编》卷八。
③ 参见（明）黄宗羲：《南雷集·子刘子行状》。
④ （明）徐树丕：《识小录》。

容说：

> 嘉兴之海盐，绍兴之余姚，宁波之慈溪，台之黄岩，温州之永嘉，皆有习为倡优者，名曰戏文子弟，虽良家子不耻为之。其扮演传奇，无一事无妇人，无一事不哭，令人闻之，易生悽惨，此盖南宋亡国之音也。其膺为妇人者名妆旦，柔声缓步，作夹拜态，往往逼真。①

江西则有永丰腔，唐顺之说：

> 永丰又素善为优，间里浸淫传习，谓永丰腔。使民淫于欲而匮于财。②

贵家戏社则由巨家家优排演，供私人欣赏，角色俱经精选，陈懋仁说：

> 优伶媚趣者，不吝高价，豪奢家攘而有之，蝉鬂传粉，日以为常。③

明末最著者为山阴张家和桐城阮家。山阴张家从万历时理学名臣张元忭起到张岱三世都以声伎著名，张岱自述：

> 我家声伎，前世无之。自大父于万历年间，与范长白、邹愚公、黄贞父、包涵所诸先生讲此道，遂破天荒为之。有可餐班……次则武陵班……再次则梯仙班……再次则吴郡班……再次则苏小小班……再次则平苑茂子班。主人解事日精一日，而俳僮技艺，亦愈出愈奇。④

---

① （明）陆容：《菽园杂记》。
② （明）唐顺之：《荆川先生文集》卷一〇，《唐郎中嘿庵墓志铭》。
③ （明）陈懋仁：《泉南杂志》。
④ （明）张岱：《陶庵梦忆》卷四，《张氏声伎》。

张岱自己也工于妙解音律，工于填词度曲。[1]倮僮到其家，至谓之"过剑门"。曲中经其一顾，声价十倍。[2]阮大铖则是明末最负盛名的戏曲作家，他的家伎的表演，名震一时，张岱说：

阮圆海家优美讲关目，讲情理，讲筋节，与他班孟浪不同。然其所打院本又皆主人自制，笔笔勾勒，苦心画出，与他班卤莽者又不同。故所搬演本本出色，脚脚出色，出出出色，句句出色，字字出色。[3]

这一般乡绅不但谱制剧曲，蓄优自娱，并能自己度曲，厌倒伶工。沈德符记：

近年士大夫享太平之乐，以其聪明，寄之剩技。吴中搢绅，留意音律，如太仓张工部新、吴江沈吏部璟、无锡吴进士澄时俱工度曲，每广座命伎，即老优名倡俱遑遽失措，真不减江东公瑾。[4]

假如我们把明代的剧作家的身份做一统计，将发现大部分是属本文所说的这一阶级，主要的如朱权、丘濬、王世贞、汪道昆、梁辰鱼、汤显祖、陆采、张凤翼、梅鼎祚、屠隆、李玉、阮大铖……除开第一个是亲王外，其他的全是进士，官阶从内阁大学士到县令不等。假如再把他们和元曲的作家相比，则将发现元曲的作者大多数是平民和吏胥，而明代传奇的作者则大半是文人达官。经过这一事实的对比，可发现从平民的艺术转变为贵族的艺术（文辞之细腻佳丽，故事题材之从日常生活转变为科名团

---

① （明）张岱：《陶庵梦忆》卷七，《冰山记》。
② （明）张岱：《陶庵梦忆》卷七，《过剑门》。
③ （明）张岱：《陶庵梦忆》卷八，《阮圆海戏》。
④ （明）沈德符：《万历野获编》卷二四。

圆），也正是这整个时代的趋势的说明。

仕宦阶级的另一种娱乐是赌博。缙绅士大夫至以赌博为风流，随便举几个例子，如祝允明：

长洲祝允明好酒色方博。

皇甫冲：

长洲皇甫冲博综群籍，通挟丸击球音乐博弈之戏，吴中轻侠少年咸推服之。

何士璧：

福清何士璧跅跑放迹，使酒纵博。

韩上桂：

万历间，韩上桂为诗多倚待急就，方与人纵谈大噱，呼号饮博，探题立就，斐然可观。[①]

最通行的赌博有两种，一种是马吊，始行于天启中，顾亭林说：

万历之末，太平无事，士大夫无所用心，间有相从赌博者。至天启中始行马吊之戏。而今之朝士若江南、山东几于无人不为此。有如韦昭论所云：穷日尽明，继以脂烛，人事旷而不修，宾旅阙而不接。[②]

其发展自南而北，申涵光说：

赌真市井事，而士大夫往往好之。至近日马吊牌，始于南中，渐延都下，穷日累夜，纷然若狂。问之，皆云极有趣。吾第见废时

① （清）钱谦益：《列朝诗集·小传》。
② （明末清初）顾炎武：《日知录》。

失事，劳精耗财，每一场毕，冒冒然目昏体惫，不知其趣安在也？①

另一种是叶子戏，源于小说《水浒传》，以政府所出缉捕水浒群盗赏格数目及所指名之人图形博胜负，名为斗叶子，成化英宗时即已盛行于东南，陆容记：

> 斗叶子戏，吾昆城上至士夫，下至童竖皆能之。予游昆庠八年，独不解此，人以拙哂之。近得阅其形制，一钱至九钱各一叶，一百至九百各一叶。自万贯以上皆图人形，万万贯呼保义宋江，千万贯行者武松，百万贯阮小五，九十万贯活阎罗阮小七，八十万贯混江龙李俊，七十万贯病尉迟孙立，六十万贯铁鞭呼延绰，五十万贯花和尚鲁智深，四十万贯赛关索王雄，三十万贯青面兽杨志，二十万贯一丈青张横，九万贯插翅虎雷横，八万贯急先锋索超，六万贯混江龙李海，五万贯黑旋风李逵，四万贯小旋风柴进，三万贯大刀关胜，二万贯小李广花荣，一万贯浪子燕青，或谓赌博以胜人为强，故叶子所斗皆才力绝伦之人。非也。盖宋江等皆大盗，详见《宣和遗事》及《癸辛杂识》。作此者盖以赌博为群盗劫夺之行，故以此警世。而人为利所迷，不自悟耳。记此庶吾后之人，知所以自重云。②

到万历末年，叶子戏成为民间最流行的赌博，进士甚至有"以不工赌博为耻"的情形。内容又小变，有"闯"，有"献"，有"大顺"三牌，吴伟业说：

> 万历末年，民间好叶子戏，图赵宋时山东群盗姓名于牌而斗之，至崇祯时大盛。有曰闯，有曰献，有曰大顺。初不知所自起，

---

① （清）申涵光：《荆园小语》。
② （明）陆容：《菽园杂记》。

后皆验。①

举国上下，都淫于赌博，结果是如沈德符所说：

> 今天下赌博盛行。其始失货财，甚则鬻田宅，又甚则为穿窬，浸成大伙劫贼。盖因本朝法轻，愚民易犯。②

崇祯流寇四起，都自立名号，赌惯了叶子戏的就以叶子戏上最脍炙人口的绰号自名，闯、大顺之外，如闯塌天、立地王、一堵墙、曹操之类，大体上都是从叶子戏上的绰号演变而来的。

除狎妓、捧戏子、赌博这一类事以外，自命风流或附庸风雅的，则进而搜集古董书画，沾沾自喜，号为收藏家。明代前期称这一类人为"爱清"。陆容说：

> 京师人家能蓄书画及诸玩器盆景花木之类，辄谓之爱清。盖其治此，大率欲招致朝绅之好事者往来，壮观门户。甚至投人所好，而浸润以行其私，溺于所好者不悟也。③

嘉靖以后，此风大盛，巧取豪夺，无所不至。沈德符说：

> 嘉靖末年，海内宴安。士大夫富厚者，以治园亭教歌舞之隙，间及古玩。如吴中吴文恪之孙，溧阳史尚宝之子，皆世藏珍秘，不假外索。延陵则稽太史应科，云间则朱太史大韶，携李项太学，锡山安太学、叶户部辈不吝重赀收购，名播江南。南都则姚太史汝循、胡太史汝嘉亦称好事。若莘下则此风稍逊，惟分宜相国父子（严嵩、世蕃），朱成公兄弟（希孝、希忠），并以将相当途，富贵盈溢，旁及雅道，于是严以势劫，朱以货取，所蓄几及天府。张江陵（居正）

---

① （明）吴伟业：《绥寇纪略》卷一二。
② （明）沈德符：《万历野获编补遗》卷三。
③ （明）陆容：《菽园杂记》。

当国亦有此嗜。董其昌最后起名亦最重，人以法眼归之。[①]

严家籍没后，抄没清单中有石刻法帖三百五十八册轴，古今名画刻丝纳纱纸金绣子卷册共三千二百零一轴。[②]这些书画的内容和源流都具见于文嘉的《钤山堂书画记》。[③]内中有宋张择端《清明上河图》一画，据李东阳的《怀麓堂集》、王世贞《弇州山人四部续稿》、田艺蘅《留青日札》和《钤山堂书画记》[④]、钱谦益《初学集》等书的记载，此图的主人有宜兴徐氏（溥）、西涯李氏（东阳）、陈湖陆氏、昆山顾氏（懋宏）、袁州严氏（嵩）、内府、嘉禾谭梁生等。徐、李、严三家都是宰辅，陆、顾则为世族。[⑤]由此可见这时代这风气之盛！可是从学术的立场看，这时代人对于古物的态度只是一种玩意、珍宝，收藏的风气虽盛，研究的成绩像两宋的《集古录》《金石录》《钟鼎彝器款识》《东观余论》《隶释》，讲形制、讲花纹、究文字、正史实的著作，却一部也没有。金石学、考古学的成为专学，直需等到下一个对明学反动的清代，在学术史上虚过三百年，真是值得今人惋惜的一件事。勉强地说，这时代人对金石学的贡献，是搜集和保存古物，供给下一代人研究的基础。

另外一种兴趣是刻书，由于上文所说"书帕"的需要，外任或出使官进京时的人情或贿赂都以新刻书为贵，于是各地竞相刻

① （明）沈德符：《万历野获编》卷二六。
② 参见（明）田艺蘅：《留青日札》。
③ 参见（清）吴弥光：《胜朝遗事》。
④ 《钤山堂书画记》非田艺蘅作，疑作者笔误。编者注。
⑤ 参见吴晗《<金瓶梅>的著作时代及其社会背景》，《文学季刊》，1934年（创刊号）。

书，各官竞相刻书，刻前人著作、刻经史、刻本朝人著作、刻自己著作、刻丛书、刻类书。书籍的数量的陡增和类别的普遍，可说是这时代对于近代文化的一大贡献。我们试读明初宋濂的《送东阳马生序》，可知元末明初这一段时期书籍是如何缺乏，如何难得。这种情形直到正德末年还是无大进步，顾亭林说：

> 其时天下惟王府官司及建宁书坊乃有刻板，其流布于人间者，不过"四书""五经"、《通鉴》、《性理》诸书，他书即有刻者，亦非好古之家不蓄。①

到正德以后，随吏治风气之日坏而刻书日益增多，刻工印刷日益坏，所刻书日益滥，内容芜陋，灾梨祸枣，嘉靖时唐顺之至大声疾呼抨击此等陋习，他指出当代文集之多而滥说：

> 仆居闲偶想起宇宙间有一二事，人人见惯，而绝是可笑者。其屠沽细人有一碗饭吃，其死后则必有一篇墓志。其达官贵人与中科第人稍有名目在世间者，其死后则必有一部诗文刻集。如生而饮食，死而棺椁之不可缺者，皆不久泯灭。然其往者减矣，而在者尚满屋也。若皆存世间，即使以大地为架子，亦安顿不下矣。此等文字，倘家藏人畜者，尽举祖龙手段作用一番，则南山竹木煤炭当尽减价矣。可笑可笑！

他又说：

> 居常以刻文字为无廉耻之一节，若使吾身后有闲人作此业障，则非吾敢知。至于自家子弟，则须有遗嘱说破此意，不欲其作此业障也。②

---

① （明末清初）顾炎武：《亭林文集》卷二，《抄书自序》。
② （明）唐顺之：《荆川先生文集》卷五，《答王遵岩书》。

又说：

今世所谓文集者，遍满世间，不为少矣。其实一字无用。彼其初作者，莫不妄意于不朽之图，而适足以自彰其陋，以取诮于观者，亦可谓木灾而已。①

可惜他身后仍然有闲人替他刻文集、刻杂著，做此业障！其实不但是文集之多而滥而已，丛书、类书也一样。刻书到无新书可刻，而又非新书不够炫耀、不够送"礼"时，只好偷工减料，杂抄、类书应市。或者取巧，窃取已刻丛书，截足去腕，改头换面，伪造作者和书名，作为一新丛书出面。欺世盗名，贻误学者，明代后期刻书之草率，和类书、丛书之馂饤瓜剖，恶劣万状，原因就在于此。

再就现存的明人文集而论明代的文学，明初的一些文人，如宋濂所说到底还是曾经钻研经史、博读子集、学有根底的。自科举兴而开始有不读书的风气，士子除"四书"以外，不读他书。到中期王世贞、李攀龙反抗这潮流，提倡复古，不读唐以后书，唐以前的书，《史记》《汉书》诸子还是非读不可的。到后期三袁（宗道、宏道、中道）、钟惺、谭元春力反王李之说，遍主唐宋，文坛上有公安体、竟陵体之目，却索性唐以前也不读，唐以后亦不读，空疏之上加上浅薄，矫揉造作，模仿晋人语调，造一二隽语，今人名之为小品文。其弊正如禅宗不立文字，白痴村夫只要会一两句口头禅，会喝会打，便可自命禅学、机锋。这是八股制度所产生的机锋文学，也是亡国文学。

---

① （明）唐顺之：《荆川先生文集》卷五，《典卜无锡书》。

由于乡里的、同年的、同门的观念，在政治上也因之而分党立派，乡谊重而国事轻，年谊重而是非乱。谈迁说：

> 万历末朝士分党，竞立门户。有东林之党，无锡顾宪成、高攀龙，金坛于玉立等废居讲学，立东林书院，而常、镇人附之。有昆山之党，则顾天埈①及湘潭李胜芳，苏人附之。有四明之党，则沈一贯，浙人附之。有宣城之党，则汤宾尹，而宁国、太平人附之。有江右之党，则邹元标。有关中之党，则冯从吾，各同省人附之。冯尝督学山西，则山、陕合。冯、邹又讲学相善，又江右、山、陕合也。闽、楚、粤、蜀远不具论。庚戌大计，江右淮抚李三才庇东林而诸党左矣。时攻东林俱见罪，四明至楚粤无一人台省者。天启初东林独盛，起邹元标，而江右亦东林也。江夏熊廷弼原江右籍，楚东林也，福清叶白高、归德侯执躬秉政，天下咸奔走焉，仕途捷径，非东林不灵，波及诸生，如复社、几社不一而足，家驰人骛，恐汉末标榜不是过也。②

大致地说，可以分为东林和非东林两派：

> 万历三十八年（1610）……先是南北言官群击李三才、王元翰，连及里居顾宪成，谓之东林党。而祭酒汤宾尹、谕德顾天埈各收召朋徒，干预时政，谓之宣党、昆党，以宾尹宣城人，天埈昆山人也。御史徐兆魁、乔应甲、刘国缙、郑继芳、刘光复、房壮丽，给事中王绍徽、朱一桂、姚宗文、徐绍吉、周永春辈，则力排东林，与宾尹、天埈声势相倚，大臣多畏避之。③

---

① "埈"古同"峻"。编者注。
② （明）谈迁：《枣林杂俎·逸典》。
③ 《明史》卷二二四，《孙丕扬传》。

非东林系统复杂，即东林亦以地分左右：

东林中又各以地分左右，大中尝驳苏松巡抚王象恒恤典，山东人居言路者咸怒。及驳浙江巡抚刘一焜，江西人亦大怒。[①]

东林党人多名儒学者，以讲学相高，其意见往往可左右政治。非东林则多不为物论所予，为东林所攻击，窘而附于内廷的阉宦，由此又成为外廷的清流和内廷的阉人争夺政权的局面。两方互相排挤攻击，争门户、争封疆、争"三案"、争京察，不胜则纠纷错杂，不可究诘，这一派上台，那一派下野，此伏彼起，只图顾全乡谊年谊，置国家利害于不顾。这一阶级是这帝国政权的基础，基础崩溃，所建设的政权自然也就瓦解了。

年轻一点的举人、贡生、生员、贵家公子，受了上一代分党立派的刺激，则组织文社，自相标榜，以为名高。顾公燮说：

文社始于天启甲子（1624）张天如等之应社……推大讫于四海。于是有广应社、复社。云间有几社，浙江有闻社，江北有南社，江西有则社。又有历亭席社，昆阳云簪社。而吴门别有羽朋社，武林有读书社。山左有大社。金会于吴，统于复社。[②]

其学风好糅杂庄老，混合儒释，顾亭林说：

当万历之末，士子好新说，以庄老百家之言，窜入经义，甚者合佛老与儒为一，自谓千载绝学。[③]

空谈性命，不切实际。有讲求经世实用之学者则共目为迂、为疏、为腐，陶奭龄说：

---

① 《明史》卷二四四，《魏大中传》。
② （清）顾公燮：《消夏闲记摘抄》卷下。
③ （明末清初）顾炎武：《亭林文集》卷五，《富平李君墓志铭》。

士大夫膏肓之病，只是一俗。世有稍自脱者，即共命之为迂为疏为腐。于是一入仕途，即相师相仿，以求入于俗而后已。如相率而饮狂泉，亦可悲矣。[1]

以抨击剿袭为能事，一书新出，即有一书讥评之，诗文则仿效时贤，亦步亦趋，了无生气。[2]黄宗羲讥为学骂，他说：

昔之学者学道也，今之学者学骂也。矜气节者则骂为标榜，志经世家者则骂为功利，读书作文者则骂为玩物丧志，留心政事者则骂为俗吏，接庸僧数辈则骂考亭为不足学矣，读艾千子定待之尾则骂象山、阳明为禅学矣，濂溪之主静则曰盘桓于腔子中者也，洛下之持敬则曰是有方所之学也。逊志骂其学误主，东林骂其党亡国，相讼不决，以后息者为胜。[3]

这上下两代人有四字宝诀，在登政府时应用，曰调停，曰作用，于慎行说：

近世士大夫有四字宝诀，自谓救时良方，不知乃其膏肓之疾也。进退人才用调停二字，区画政机用作用二字。此非圣贤之教也。夫贤则进，否则舍，何假调停？政可则行，不可则止，何烦作用？君子以调停为名，而小人之朋比者托焉；君子以作用为方，而小人之弥缝者借焉，四字不除，太平不可兴也。[4]

甚至以留心国事为多言多事：

编修倪元璐屡疏争时事。同乡前辈来宗道谓曰：渠何事多言！

---

① （明）陶奭龄：《小柴桑喃喃录》卷下。
② 参见（清）蒋超伯：《南漘楛语》。
③ （明）黄宗羲：《南雷文案》卷一〇，《七怪》。
④ （明）于慎行：《谷山笔麈》卷一六。

吾词林故事,惟香茗耳。时谓宗道清客宰相云。[1]

又有三法,谢肇淛说:

今之仕者,为郡县则假条议以济其贪,任京职则假建言以文其短,居里闬则假道学以行其私。举世之无学术事功,三者坏之也。[2]

我们可以学他的话说:明代之无学术事功,是由于这个特殊的社会重心,这个特殊的新仕宦阶级所构成的社会风气和制度。由于这种风气和制度所造成的人生哲学是读书取科第,做官要贪污,居乡为土豪。学术不能疗贫,事功不能致富,则此时代之无学术事功,正是此时代之本色。何怪之有!

---

[1] (明)林时对:《荷插丛谈》卷二。

[2] (明)谢肇淛:《五杂俎》卷一五。

贪污的吏治

明朝贪官有话说：做官先举债，俸禄太微薄

明代仕宦阶级的一生，可以从陶奭龄的《五计说》看出。他把这一阶级人的一生分作五个阶段。"十岁为儿童，依依父母，嬉嬉饱暖，无虑无营，忘得忘失，其名曰仙计。二十以还，坚强自用，舞蹈欲前，视青紫如拾芥，骛声名若逐羶，其名曰贾计。三十至四十，利欲薰心，趋避著念，官欲高，门欲大，子孙欲多，奴婢欲众，其名曰丐计。五十之年，嗜好渐减，经变已多，仆起于斗争之场，享寒于险谳之境，得意尚有强阳，失意逐成枯木，其名曰囚计。过此以往，聪明既衰，齿发非故，子弟为卿，方有后子，期颐未艾，愿为婴儿，其名曰尸计。大约世人一生尽此五计，非学道人鲜自脱者。"[1] 再从社会关系来看，这一阶级人入仕的时期是见任官吏，退休的时期和入仕以前是乡绅（明代或称乡官，或称绅衿，绅指退休官，衿指生员——民间称秀才——和举人）。

---

[1] （明）陶奭龄：《小柴桑喃喃录》卷上。

做官时期和外地的庶民发生关系，做乡绅时期则和本地的庶民发生关系。总之，无论他们是在官或居乡，一般的庶民都在他们的脚下生活着。

我曾习惯地把明代分作两个段落，分水岭是嘉靖朝（1522—1566）。谈到明代的吏治时也不能例外。最好的说明是《明史·循吏传序》：

> 明太祖……下逮宣仁，抚循休息，民人安乐，吏治澄清者百余年。英武之际，内外多故，而民心无土崩瓦解之虞者，亦由吏鲜贪残，故祸乱易弭也。嘉隆以后，资格既重……庙堂考课，一切以虚文从事，不复加意循良之选。吏治既已日媮，民生由之益蹙。

嘉靖、隆庆以前，据赵翼的研究，"崇尚循良，小廉大法，几有两汉之遗风"[1]。明人陈邦彦所论更为具体扼要，他说：

> 嘉隆以前，士大夫敦尚名节。游宦来归，客或询其囊橐，必唾斥之。今天下自大吏至于百僚，商较有无，公然形之齿颊。受铨天曹，得膴地则更相庆，得瘠地则更相吊。宦成之日，或垂囊而返，则群相姗笑，以为无能。士当齿学之初，问以读书何为，皆以为博科第，肥妻子而已……一行作吏，所以受知于上者非贿赂不为功，而相与文之以美名曰礼。[2]

其实这只是一种比较的说法。嘉隆以前，吏治澄清；嘉隆以后，吏治贪污，固是事实。但在实际上，我们也可说，嘉隆以前吏治亦贪污，不过不如以后之甚；嘉隆后亦有循良，但不如

---

[1] （清）赵翼：《廿二史札记》卷三三，《明初吏治》。
[2] （明）陈邦彦：《陈岩野先生集》卷一，《中兴正要书，励俗篇第四·奖廉让》。

前此之多。我们试看洪武时代的勾捕逃军案，兵部侍郎王志受赃二十二万；盗粮案，户部侍郎郭桓侵没至千万，诸司官吏系狱至数万人。成祖朝纪纲之贪作恶，方宾之贪赃；宣宗朝刘观之黩货；英宗朝王振之贿赂辏集，逯果、门达之勒贿乱政；宪宗朝汪直、尚铭、梁芳，武宗朝刘瑾、朱彬、焦芳、韩福、张彩之权震天下，公然纳贿。几乎没有一个时代是不闹得乌烟瘴气的，和嘉靖以来的严嵩、魏忠贤两个时代比较，只有程度上的差异而已。假如真有划然不同之点，那我们可学陈邦彦的说法：嘉隆以前，社会尚指斥贪污为不道德；嘉隆以后，则社会且指斥不贪污为无能。这一社会风气的变化，是值得今日的士大夫思之重思之的。

这一种社会风气的造成，我在上文曾指出由于那时代人的人生哲学，从读书到发财成一自然的体系。此外还有两种社会环境，第一是寒士登第举债，第二是明代官俸之薄。

寒士得科名的一天，同时也是开始负债的一天，吴应箕说：

士始一窭人子耳。一列贤书，即有报赏宴饮之费，衣服舆马之需，于是不得不假贷戚友，干谒有司，假贷则期报以异日，谒见则先丧其在我。黠者因之而交通之径熟，圆巧之习成。拙者债日益重，气日益卑，盖未仕而所根柢于仕者已如此矣。及登甲榜，费且数倍，债亦如之。彼仕者即无言营立家私，但以前此之属债给于民，能堪之乎？

甚至一入仕途，债家即随之赴任，京债之累，使官吏不至贪污不可。陶奭龄尝慨乎言之：

今寒士一旦登第，诸凡舆马仆从饮食衣服之类，即欲与膏粱华腴之家争为盛丽，秋毫皆出债家。谒选之后，债家即随之而至，非盗窃帑藏，朘削闾阎，何以偿之？[1]

反之，官吏而不贪污，不法外弄钱，那就非狼狈万状不可。周顺昌在做官后被债主所逼，向他的亲戚诉苦说：

> 读来札知诸亲友之索债者，填门盈户，甚至有怒面相訾者……做秀才时艰苦备历，反能以馆谷怡二人，当大事……今以滥叨之故，做一不干净人，五年宦游，不能还诸债主，官之累人也多矣。[2]

加之，农业社会是以家族为本体的，一人出仕，不但父母、妻妾、子女靠他养活，提高了生活的水准，甚至母族、妻族、媳族、婿族、乡里、年谊都要一窝蜂钻来，打抽丰，求关节，真所谓"鸡犬同升"，教这人如何能不贪污？

次之，假如明代官俸如唐宋之优赡，那还可对付。可是，恰巧相反，明代官俸之薄，可说是历史上所仅见的。宣宗时名臣杨士奇记：

> 宣德四年（1429），吏有遭笞者，捃都御史顾佐之过，谓受皂隶赂放归。上密以示杨士奇，士奇曰所诉之事，诚有非诬，盖今朝臣月俸止给米一石，薪炭驺咸资于皂，不得不遣半归，使备所用。皂亦皆乐得归耕，实官皂两便。[3]

郑晓记宣德时一朝官惨剧云：正统元年（1436）副都御史吴讷言：

> 洪武年间京官俸全支，后因营造减省，遂为例。近小官多不能赡。如广西道御史刘准，由进士授官，月支俸米一石五斗，不能养

---

[1] （明）陶奭龄：《小柴桑喃喃录》卷上。
[2] （明）周顺昌：《烬余集》卷二，《与吴公如书二》。
[3] 《三朝圣谕录》。

其母妻子女，贷同道御史王裕等、刑部主事廖谟等俸米三十余石，去年病死，竟负无还。乞下建议增俸。[1]

正统时曹泰指出官吏之贪，由于俸薄，奏请增俸，事竟不行：

正统六年（1441）二月戊辰，巡按山西监察御史曹泰奏：今在内诸司文臣，去家远仕，妻子随行，然禄厚者月给米不过三石，禄薄者一石二石而已，其所折钞，急不得济，九载之间，仰事俯畜之费具，道路往来之费，亲故问遗之需，满罢闲居之用，其禄不赡，则不免移其所守，此所以陷于罪者多也。乞敕廷臣会议，量为增益，俾足养廉，其仍贪污冒法者置之重典，则贪风息矣。上命行在户部详议以闻，尚书刘中敷等言官员俸禄已有定制，难以增益。从之。[2]

俸给之薄，由于折色，以米折钞，以布折米，王琼记：

国初定制，百官俸给，皆支本色米，如知县月支米七石，岁支米八十四石，足勾养廉用度。后改四品以上，三分本色，七分折色。五品以下，四分本色，六分折色。后又改在外官月支本色米二石，其余俱支折色。其折色以钞为则，每米一石，折钞十五贯或二十贯，每布一匹折米二十石。京官折俸四五年不得一支，外官通不得支。此贪婪之难禁也。[3]

折色相当于现在米贴之改发代金。不发米而发同等价值的钞，在原则上并不吃亏，可是第一月薪打折扣，只发原数的三十五分之一，第二钞值贬价。由于这样的左折右折，折得当时官吏无以为生，试举一实例，据《明史·李贤传》，当时指挥使月俸三十五

---

① （明）郑晓：《今言》卷八五。
② 《明英宗实录》卷七六。
③ （明）王琼：《双溪杂记》。

石者，实支仅一石，米一石折钞十贯，钞一贯值钱二文至三文，由是知指挥使一月所得不过铜钱二三十文。推而上之，正一品月俸八十七石，照比例折成实支，又折起钞再算钱，也不过月得七八十文；推而下之，正七品（知县）月俸七石，左折右折，可怜只能拿到二三文铜钱了。其后又改定官俸折银例，虽然官吏的收入在比例上增加了一点，可是如专靠正俸生活，也还是非饿死不可。在这情形之下，中外官仰无以事父母，俯无以畜妻子，更谈不到还官债、赠亲族，何况上司要贿赂，皇帝要进献，层层剥削，除了剥削民众、贪污以外，更有什么办法！要做好官，那便非像潘蕃那样，做了若干年的方面大臣，罢官后连住宅也没有，寄住人家终老。①海瑞剔历内外，死后全家产只有一两银子，连买棺木也不够。②这些自然是违反这社会风气的可忽略的例外，大多数官吏很容易有办法，找出一条生财大道。

明代前期的吏治，从英宗任用王振到武宗任用刘瑾，这阶段的污浊情形是尽人皆知的。太祖、太宗二朝严刑重法，宣宗、孝宗二朝政局清明。现在试以这几朝作例，分酷虐和苛敛两方面说明。

太祖朝以酷虐知名的大臣有陈烙铁，《明史》说他：

> 洪武三年（1370），宁知苏州，征赋苛急，尝烧铁烙人肌肤，吏民苦之，号为陈烙铁。③

太宗朝则有残杀农民的丁珏：

---

① 参见《明史》卷一八六，《潘蕃传》。
② 参见《明史》卷二二六，《海瑞传》。
③ 《明史》卷三〇八，《陈宁传》。

丁珏，山阳人。永乐四年（1406）里社赛神，诬以聚众谋不轨，坐死者数十人。①

至于苛敛民财，以做官为发财的捷径的，则更难仆数。其著者如太祖朝之郭桓案，《大诰》曾再三宣布其罪状：

户部官郭桓等收受浙西秋粮合上仓四百五十万石，其郭桓等止收六十万石上仓，钞八十万锭入库，以当时折算，可抵二百万石余，有一百九十万石未曾上仓。其桓等受要浙西等府钞五十万贯，致使府州县官黄文等通同刁顽人吏边源等作弊，各分入己。②

又说：

其所盗仓粮以军卫言之，三年所积卖空，前者榜上若欲尽写，恐民不信，但略写七百万耳。若将其余仓分，并十二布政司通同盗卖见在仓粮，及接受浙西等府钞五十万张，卖米一百九十万石不上仓，通算诸色课程鱼盐等项，及通同承运库官范朝宗盗卖金银，广惠库官张惠妄支钞六百万张。除盗库见在宝钞金银不算外，其卖在仓税粮反米上仓，该收税粮及鱼盐等项诸色课程共折米算，所废者二千四百余万精粮。③

浙西有司苛敛案：

浙西所在有司，凡征收害民之奸，甚如虎狼。且如折收秋粮，府州县官发放，母米一石官折钞二贯，巧立名色，取要水脚钱一百文、车脚钱三百文、口食钱一百文。库子又要辨验钱一百文、蒲篓钱一百文、竹篓钱一百文、沿江神佛钱一百文，害民如此，罪可

① 《明史》卷三〇八，《陈瑛传》。
② 《大诰》第六三。
③ 《大诰》第四九。

宥乎？[1]

宣宗时政府曾宣布地方官吏科敛无度之情形云：

宣德三年（1428）三月壬辰，敕谕北京行部曰：比者所司每缘公务，急于科差，贫富困于买办，丁中之民服役连年，公家所用，十不二三，民间耗费，常十数倍。加以郡邑官鲜得人，吏肆为奸，征收不时，科敛无度，假公营私，弊不胜纪，以致吾民衣食不足，转徙逃亡，凡百应输，年年通欠，国家仓庾，月计不足。[2]

英宗时夏时上言地方官吏贪酷之弊：

正统三年（1438）江西按察佥事夏时言：切惟今之守令，冒牧民之美名，乏循良之善政，往往贪泉一酌而邪念顿兴，非深文以逞，即钩距之求，或假公营私，或诛求百计，经年置人于狴狱，滥刑恒及于无辜，甚至不任法律而颠倒是非，高下其手者有之，刻薄相尚而避己小嫌，入人大辟者有之，不贪则酷，不怠则奸，或通吏胥以贾祸，或纵主案以肥家，殃民蠹政，莫敢谁何，遂使枉者含冤于囹圄，徒愤于桎梏，其伤和气，乖国宪，莫此为甚。[3]

七年以后，王振擅权用事，"畏祸者争附振免死，贿赂辏集……籍其家得金银六十余库，玉盘百，珊瑚高六七尺者二十余株，他珍玩无算"[4]。孝宗时太监李广惧罪自杀，"帝疑广有异书，使使即其家索之，得赂籍以进，多文武大臣名，馈黄白米各千百石。帝惊曰：广食几何？乃受米如许！左右曰：隐语耳，黄者金，

---

① 《大诰》第四一。
② 《明宣宗实录》卷三九。
③ 《明宣宗实录》卷四〇。
④ 《明史》卷三〇四，《王振传》。

白者银也"①。武宗信任刘瑾，上下交征，竟成贿赂世界，"瑾故急贿，凡入觐出使官，皆有厚献。给事中周钥勘事归，以无金自杀。……令天下巡抚入京受敕，输瑾赂。延绥巡抚刘宇不至，逮下狱；宣府巡抚陆完后至，几得罪，既赂乃令试职视事。……边将失律，赂入即不问，有反升擢者"②。综上所记，可知地方官横征暴敛，以所得之一部分作家业，一部分献给上官。地方长官又以所得分赂京中权贵和太监，京中权贵再以所得分赂太监。从太监、阁臣到地方州县官成一连串的贿赂系统。

前期吏治贪污，政府尚执法以绳，社会舆论亦往往加以指责。后期则以贪污为正常之现象。内外上下，贿赂公行，驯至民不聊生，盗贼四起，万历初年高拱指出这一现象，实由于有司之贪残。他说：

一地方之所以多贼者，实逼起于有司之贪残，而养成于有司之蒙蔽，及其势成，计无所出，乃为招抚之说，以苟且于目前。于是我以抚款彼，而彼亦以抚款我，东且抚而西且杀人，非有抚之实也，而徒以冠裳金币羊酒宴犒，设金鼓以宠之与之，有司将领固有称贼酋为翁，相对宴饮欢笑为宾主，而又投之以侍教生帖者。百姓之苦如彼，而贼之荣利乃如此，不亦为贼劝乎？奈何民之不为贼也！③

细析此种现象，第一由于乡绅和官吏的狼狈为奸，魏大中说：

百姓穷苦，皆由外吏贪残。其所以敢于贪残而无忌者，鼷谄笑居间，求田间舍之乡绅为之延誉，拟赎庆生；贺节投欢之有司道与

---

① 《明史》卷三〇四，《李广传》。
② 《明史》卷三〇四，《刘瑾传》。
③ （明）高拱：《绥广纪事·答两广殷总督》。

之作缘，少望风解绶之巡按，多计日待迁之巡抚，而辇毂赂遗，往来如织，入计之年，尤厚以声酬实，其应如响。故民苦贪残者，官称卓异，不但幸免计黜，寻且选科选道，或为吏部司官。风尚日非，仕路秽浊，贪官污吏，布满郡邑，百姓求一日之苟活不可得，而天下幸其久安长治，万无是理。①

第二由于署印官之趁火打劫，赵南星说：

今佐领官所在贪肆害民，正官有缺，必会署事，入门即征租税以图加收，日夜敲朴，急于星火，俗言署印如打劫，非虚语也。②

而总以催科之火耗、词讼之赎锾为应得之私款，公然入己，毫无避忌。方孩未《整饬吏治疏》说：

百姓何以日穷，亦曰天下贪吏多，而惩贪之法太疏耳。一邑设佐贰二三员，各有职掌，司捕者以捕为外府，收粮者以粮为外府，清军者以军为外府，其刑驱势逼，虽绿林之豪，何以加焉？稍上而长吏，则有科罚，有羡余，曰吾以备朝京之需，吾以备考满之用，上言之而不讳，下闻之而不惊，虽能自洗刷者固多，而拘于常例者不尽无也。又上之而为郡守方面，岁时则有献，生辰则有贺，不谋而集，相摩而来，寻常之套数，不足以献芹，方外之奇珍，始足以下点，虽能自洗刷者固多，而拘于常例者不尽无也，萧然而来，捆载而去。夫此捆载者，非其携之于家，雨之于天，又非输于神，运于鬼，总皆为百姓之脂膏，又穷百姓卖儿卖女而得之耳。如是安得不日剥日削，以至于尽也。而铨司之考成，止于罢职，抚按之弹劾，极于为民，夫携有余之金钱，高田广宅，歌儿舞女，肥肉美酒，彼

① （明）魏大中：《藏密斋集》卷四，《肃计典以励言常疏》。
② （明）赵南星：《赵忠毅公文集》卷一四。

亦何所不愉快而需此匏瓜之进贤乎？[1]

赵南星《朝觐合行事宜疏》也说：

今士人一为有司，往往不期月而致富，问其所以，率由条鞭法行，钱粮经有司之手，重收而取羡余，加派在其中矣。而数年来又以军兴加派，则加重收而取羡余，是加派无已矣。有司之贪如此，民安得不为盗，小盗起而大盗随之，皆有司为之竿也。[2]

谓羡余即是火耗，顾亭林说得最为明白：

火耗之所由起，其起于征银之代乎？……夫耗之所生，以一州县之赋繁矣，户户而收之，铢铢而纳之，不可以琐细而上诸司府，是不得不资于火，有火则必有耗，所谓耗者特百之一二而已。有贱丈夫……借火耗之名，为巧取之术，盖不知起于何年，此法相传，官重一官，代增一代，以至于今，于是官取其赢十二三，而民以十三输国之十。里胥之辈又取其赢十一二，而民以十五输国之十。其取利则薄于两而厚于铢，凡征收之数两者，必其地多而豪有力，可以持吾之短长者也；铢者必其穷下之户也，虽多取之不敢言也。于是两之加焉十二三，而铢之加焉十五六矣，薄于正赋而厚于杂赋，正赋耳目之所先也，杂赋其所后也，于是正赋之加焉十二三，而杂赋之加焉或至于十七八矣。解之藩司，谓之羡余，贡诸节使，谓之常例，责之以不得不为，护之以不可破，而民之困未有甚于此时矣。[3]

驯至以火耗赎锾为国有之常例，于常例外更辟财源，国家颁

---

① （明）方震孺：《方孩未集》卷一。
② （明）赵南星：《赵忠毅公文集》卷一四。
③ （明末清初）顾炎武：《亭林文集》卷一，《钱粮论下》。

一令，地方兴一事，都成官吏之利薮，刘宗周《敬条职掌疏》：

> 今日吏治之污，如催科而火耗，词讼而赎锾，已视为常例未厌
> 也。及至朝廷颁一令，则一令即为渔猎之媒。地方有一事，则一事
> 即为科敛之籍。官取其一，吏取其九，一者尝见持而九者遂不敢问，
> 民费其十，上供其一，十者方取赢，而一者愈苦不足。以是百姓视上
> 官如仇雠，一旦有事，可献城则献城，可从贼则甘心从贼，计不反
> 顾也……一令耳，上官之诛求，自府而道而司而抚而按而过客而乡
> 绅，而在京之权要，递而进焉，肆应不给。而至于营升谢荐之巡方
> 御史尤甚。即其间岂无矫矫自好者，而相沿之例，有司已捆载而往
> 遗其家，巡方不及问也。如是者一番差遣，一番敲吸，欲求民生之
> 不穷且盗以死可得乎？[1]

地方守令更动一次，民间即被剥削数百万；巡方御史出巡一
次，地方又被剥削数百万：

> 崇祯三年（1630）梁廷栋言：一岁中，阴为加派者不知其数。
> 如朝觐考满行取推升，少则费五六千金，合海内计之，国家选一番
> 守令，天下加派数百万。巡抚查盘访缉馈遗谢荐，多者至二三万金，
> 合天下计之，国家遣一番巡方，天下加派百余万。[2]

内外官的贿赂技术，也随吏治风气而进步，前期的黄米、白
米，到后期末年易以雅称为书帕，馈遗金珠时必以书为副。刘宗
周《敬循职掌条例列风纪之要以佐圣治疏》说：

> 往者京师士大夫与外官交际，自臣通籍时有科三道四之说，识
> 者已为之哕呕。其后稍稍滥觞……禁愈严而犯者愈众，情愈巧。臣

---

① （明）刘宗周：《刘子文编》卷四。
② 《明史》卷二五七，《梁廷栋传》。

受事冬官时，见内外官相见以贽，辄袖手授受，不令班皂见窥，至列束投递，必托小书名色曰十册二十册以示讳……久之白镪易以黄金，致长安金价日高，如是者习以成风，恬不为耻。[1]

徐树丕亦记：

往时书帕惟重两衙门，然至三四十金至矣。外舅宫詹姚公（希孟）为翰林时，少者仅三四金，余所亲见，此不过往来交际之常，亦何足禁。今上严旨屡申，而白者易以黄矣，犹嫌其重，更易以圆白而光明者。近年来每于相见揖时，口叙寒暄，两手授受，世风日偷，如江河之下，不可止矣。[2]

清人蒋超伯指出由于这一种风气，使一般地方官喜欢滥刻文集，以为应酬之用，鲁鱼亥豕，不可卒读，他说：

明世苞苴盛行，但其馈遗必以书为副，尤以新刊之本为贵，一时剞劂纷如，鲁鱼罔校，如陈埴《木钟集》弘治中温州知府郑准重刊，都穆《南濠诗话》乃和州知州黄桓所刻，其序云捐俸绣梓，用广厥传。似此不一而足。[3]

这种风气沿袭到清朝，有名的理学家仪封张伯行在每一任上，科敛民财，专刻前代理学书，却又偷工减料，只刻原书的一部分，或腰斩，或凌迟，而《正谊堂丛书》，即是一个好例。

中央各机关中以户部掌国家出纳，吏部掌官吏铨选，故弊亦最重。试各举一例说明，李清记：

上虞赵钺老部胥，奸蠹也。因与部诸新胥瓜分不平，愤激上密

---

① （明）刘宗周：《刘子文编》卷四。
② （明）徐树丕：《识小录》卷四。
③ （清）蒋超伯：《南漘楛语》。

疏尽发积弊：一、辽盐原议引价四万余两解部充饷，而米不纳宁远，银亦不交户部，二十余年诡纳可百万金。一、新增附纲二十九万引，多无归着，及天津派买米豆并带运迫此挂欠米折船价水脚各项，尽属侵渔，每年数十万。一、长芦及淮北盐价逋负甚多，必责按年征解。明扣马干为各镇道将侵分，岁数十余万。一、各处屯牧加增钱粮，并不察催，皆被侵隐。一、召买弊大，宣镇每年十二万尤为奸蠹，即他处可省亦数十万。一、各州县摊派里甲储备米豆，不可胜计，亦宜察核。①

这是明北都倾覆前一年的事。竭全国的民脂民膏，不用之军，不用之国，却一部分徒饱贪官污吏的私囊，这是最可痛心的记载。关于吏部的，赵南星《陈铨曹积弊疏》：

天下之行私最便而得利最厚者，莫过于吏部。今之士人以官爵为性命，以钻刺为风俗，以贿赂为交际，以嘱托为当然，以循情为盛德，以请教为谦厚。闻有司管选者，每遇朝退，则三五成群，如墙而遮留之，讲升，讲调，讲地方，讲起用。既唯喏矣，则又有遮留者，恒至嗌干舌敝而后脱。一至署中，则以私书至，其三五联名者谓之公书，填户盈几，应接不暇，面皮世界，书帕长安。②

驯至科场亦讲关节，勾结试官，出卖题目。③辅臣——内阁大学士是行政中枢最高人物，也多由贿赂太监入阁，黄尊素④说：

大拜之事，相传必用间金数万，有类富人为注。馆中诸公明

---

① （明）李清：《三垣笔记》附下。
② （明）赵南星：《赵忠毅公文集》卷三。
③ 参见（清）不着撰人：《研堂见闻杂记》。
④ 疑作者笔误。编者注。

对人名，某某俱有以数万获之。沈吴兴（淮）入相，诱洞庭翁姓者五万金，以总戎许之。其余废弁弃官以千金进者不可胜计。即他相号称贤者往往为之。①

其他著例如高拱之复相，由于邵芳行贿大珰。②周延儒之复相，由于吴昌时之交关近侍。③富人地主废弁弃官大家凑钱投资使某一人入阁执政，事成后以中外要官为酬佣分红之报偿，再从所任官上科敛搜括，收回资本和利息，这是明代的吏治，也是明代所以亡国之主因！

---

① （明）顾起元：《说略》。
② 参见于慎行：《谷山笔麈》卷二。
③ 参见《明史》卷三〇八，《周延儒传》。

东林党之争

明末五十年，竟然都在"吵架"

东林党之争是明朝末年历史上的一个特征。

首先应该明确这样一个问题，历史上所谓党与我们今天所说的党是两回事，不能把历史上所说的党和今天的政党混同起来。历史上所说的党并没有什么组织形式，参加哪个党是没有任何形式的，既不要交党费，也没有组织生活，更没有党章和党纲。然而在历史上又确实叫作党。历史上所谓党是指的什么呢？是指政治见解大体相同的一些人的集团，也就是统治阶级内部某些人无形的组合。明朝的东林党，它的情况大致是这样：在江苏无锡有个书院叫东林书院，这是一所学校。当时有两个政府官员，叫顾宪成和顾允成，两兄弟在北京做官的时候，由于他们的政治见解与当时的当权人物相抵触，便辞官不做，回家后在东林书院讲学。他们很有学问，在地方上声望很高，为人也正派。这样，和他们意气相投的人跟他们的来往便越来越多了。不但在地方上，就是在北京，有一些官员跟他们的来往也比较多。他们以讲学为名，发表一些议论朝政的意见。这样，从万历二十二年（1594）开始，一直到明朝被推翻，前后五十年间，在明朝政治上形成了一批所谓东林党人和另外一批反对东林党的非东林党人。非东林党人后来形成齐（山东）、楚（湖北）、浙（浙江）三派，与东林党争论不休。这五十年中间，在几件大事情上都有争论。你主张这样，他反对；他主张那样，你反对。举例来说，党争中最早的一个问题，就是所谓"京察"问题。"京察"这两个字大家都认识，但是不好懂。这是古代历史上的一种制度，就是政府的官员经过一定的时期要考核，相当于现在的考勤考绩。主持考勤考绩的是吏部尚书、吏部侍郎（相当于现在的内务部部长、副部长），他们主管文官的登记、资格审查、成绩考核及任免、升降、转调、俸给、奖恤等事。当时考取进士以后，有一部分进士就安排做科道官。科就是六科给事中，道就是十三道御史。六科就是按照六部（吏、户、礼、兵、刑、工）来分的。道是按照行政区划来设置的。当时全国有十三个布政使司，设了十三道御史，譬如浙江道有浙江道御史。科道官都是监察官，当时叫作"言官"。他们本身没有什么工作，只是监察别人的工作，提出赞成的或者反对的意见。他们的任务就是说话，所以叫"言官"。每次"京察"，吏部提出某些人称职，某些人不称职。1594年举行"京察"的时候，就发生了争论，这一部分人说这些人好，那一部分人说不好。凡是东林党人说好的，非东林党人一定说不好。争论中掺和了封建社会的乡里（同乡）关系。譬如齐、楚、浙就是乡里关系。不管这件事情正确不正确，只要是和我同乡的人，都是对的。还有一种同门的关系。所谓同门就是指同一个老师出身的。不管事情本身怎么样，只要跟我是同学，就都是对的。至于对亲戚、朋友则更不用说了。就在这样的封建关系组合之下，从1594年"京察"开始，一直争吵了五十年。

继"京察"问题之后，接着发生了"国本之争"。所谓"国本"就是国家的根本。我们今天说国家的根本就是人民，没有人民就没有国家。当时并没有这样的概念。那时候所谓"国本"是指皇帝的继承人问题。万历做了多年皇帝，按照过去的惯例，他应该立一个皇太子，以便他死后有一个法定的继承人。可是他不喜欢他的大儿子，他所喜欢的是他的小老婆（郑贵妃）生的儿子福王（以后封在河南洛阳），所以他就迟迟不立太子。有些大臣就叫起来了，他们认为国家的根本很重要，也就是说第二代的皇帝很重要，应该早立太子。凡是提议立太子的，万历就不高兴，他说：我还活着，你们忙什么！这样，有人主张早立太子，有人反对立太子，争吵起来了，这就叫"国本之争"。

跟着又发生了一个案子叫"梃击案"。有一天早晨，突然有一个人跑到宫里来见人就打，一直打到万历的大儿子那里去了。当然，这个人马上被逮住了。可是这里发生了一个问题，是谁叫他到宫里来打万历的大儿子的？当时有人怀疑是郑贵妃指使的。这是宫廷问题，却成了当时政治上的一个大问题，引起了争吵，东林党与非东林党大吵特吵。

万历做了四十八年皇帝，死了。他的大儿子继位不到一个月又死了。怎么死的呢？搞不清楚。据说他在病的时候，有一个医生给他红丸药吃，吃了以后就死了。这样就发生了一个问题，这个皇帝是不是被毒死的？是谁把他毒死的？因此又发生了所谓

"红丸案"。各个集团之间又争吵起来了。

正在争吵的时候，发生了另外一个问题：就是这个只做了个把月的皇帝死了以后，他的儿子继位，还没成年。这个短命皇帝有个妃子李选侍，她住在正宫里不肯搬出来。她有政治野心：想趁这个小孩做皇帝的机会把持朝政。这样，又发生了争论，有一些人出来骂她：你这个妃子怎么能霸着正宫？逼着她搬出去了。这个案件叫"移宫案"。京戏里有一出戏叫《二进宫》，就是反映这件事的，不过把时代改变了，把孙子的事情改成了祖父的事情。

"梃击""红丸""移宫"是当时三大案件，成为当时争论最激烈的事件。在这样的情况下，政治上出现了什么现象呢？每一件事情出来，这批人这样主张，那批人那样主张，争论不休，整天给皇帝写报告。到底谁对谁不对？从现在来看，东林党与非东林党之争，一般地说，道理在东林党方面。东林党的道理多，非东林党的道理少。但是，东林党是不是完全对呢？在某些问题上也不完全对。这样争来争去，争不出个是非来，结果只有争论，缺乏行动，许多政治上该办的事没人去管了。后来造成这种现象：某些正派的官员提出他的主张，这个主张一提出来，马上就有一批人来攻击他，他就不能办事，只好请求辞职。皇帝不知道这个人对不对，不做处理，把事情压下来。这个官既不能办事，辞职也辞不成，怎么办？干脆自己回家。他回家以后政府也不管，结果这个官就空着没人做。到万历后期政治纪律松懈到这样的地步：哪个官受了攻击就把官丢了回家，以至六部的很多部长都没人做了。万历皇帝到晚年根本不接见臣下，差不多一二十年不跟大臣见面，把自己关在宫廷里，什么事情也不管。大臣们有什么事情要跟他商量也见不着。政治腐化，纪律松懈，很多重要的问题得不到解决，却专搞无原则的纠纷。大是大非没人管了，成天纠缠在一些枝节问题上面。

这种无休止的争吵影响到一些重大的政治事件的发展。譬如日本侵略朝鲜，中国到底应不应该援助朝鲜，在这个问题上发生了争论。后来还是派兵去支援了朝鲜，第一个时期打了胜仗，收复了平壤。后来又派兵去，由于麻痹大意，打了败仗。打了败仗以后，政府里又发生争论了，主和派觉得和日本打仗没有必要，支援朝鲜意义不大，不如放弃军事办法，转而采取政治办法来解决问题。他们主张把丰臣秀吉封为日本国王，并答应和他做买卖。历史上封王叫作朝，做买卖叫作贡，所谓朝贡，说得通俗一点，就是你带些物资来卖给我，我给你一些物资做交换。在这种情况下，明朝政府只好一面按照主战派的主张，继续派兵援助朝鲜；一面派人暗中往来日本进行和议。后来明军与朝鲜军大败日本侵略军。日本愿和了。明朝政府便按照主和派撤兵议和的主张，允许议和。并派人到日本去办外交，封丰臣秀吉为国王。但日本国内本来已经有天皇，因此丰臣秀吉不接受王位，而且提出了很强硬的条件。结果外交失败了。日军重新侵略朝鲜。明朝政府只好再次出兵，最后打败了日军。由于追究外交失败的责任，又引起了争论。

这种影响在"封疆案"的问题上表现得更加明显。万历死后，东林党在政府做官的人越来越多了。这时北京有一个"首善书院"（在北京宣武门内），在这里讲学的也是东林党人。这些人在政治上提出意见时，非东林党人就起来攻击，要封闭这个书院。

东林党人当然反对封闭。这样吵了二三十年。这个争论最后演变成什么局面呢？当时万历皇帝的孙子熹宗（年号天启，是崇祯皇帝的哥哥）很年轻，不懂事，光贪玩。他宠信太监魏忠贤，军事、政治各个方面都是太监当家。一些地主阶级的知识分子由于在魏忠贤门下奔走而当了官。凡是属于魏忠贤这一派的，历史上称为"阉党"。阉党里面没有什么正派人。东林党是反对阉党的。因此，党争发展到这个时候，就变成了地主阶级的知识分子与宦官的斗争。这个斗争影响到东北的军事形势。在万历以前，东北的建州女真已经壮大起来了，不断进攻辽东，占领了许多城市。到天启时代，明朝防御建州女真的军事将领熊廷弼提出一系列的军事上和政治上的主张，他认为跟建州女真进行军事斗争时，明朝军队不能退回到山海关以内，而应该在山海关以东建立军事据点。当时前方的另一个军事将领叫王化贞，他不同意这个意见，他认为只能依靠山海关来据守。熊廷弼虽然是统帅，地位比王化贞高，但是没有军事实权。而王化贞得到了魏忠贤的支持。这样，熊廷弼的正确意见因为得不到支持而不能贯彻，结果打了败仗，王化贞跑回来了，熊廷弼也跑回来了，山海关以东的很多地方都丢了。北京震动，面临着很严重的军事危机。在这种情况下又发生了有关"封疆案"的争论。当时追究这次失败的责任，到底是熊廷弼的责任，还是王化贞的责任？从当时的具体军事形势来看，熊廷弼是正确的，但他没有军队来支持。王化贞有十几万军队，坚持错误的主张，因此王化贞应该负责。但是因为熊廷弼得罪了很多人，结果把这个责任推到他身上，把他杀了。很显然，这样的争论和处理大大地影响了前方的军事形势。

　　"封疆案"以后，跟着就是魏忠贤对东林党人的屠杀。因为一些在朝的东林党人认为魏忠贤这样胡搞不行，就向皇帝写信控告他的罪恶。当时有杨涟等人列举了他的二十四条罪状。这些东林党人的行为得到了其他官员的支持。这样，东林党和阉党就面对面地斗争起来。由于魏忠贤军权在握，又指挥了特务，而东林党人缺乏这两样武器，结果大批的东林党人被杀。当时被杀的有杨涟、左光斗、周顺昌、黄尊素、缪昌期等。其中周顺昌在苏州很有声望，当特务逮捕他的时候，苏州的老百姓起来保护他。最后这次人民的斗争还是失败了，人民吃了苦头，周顺昌被带到北京杀害了。

　　熹宗死了以后，明朝最后的一个皇帝——崇祯皇帝比他哥哥清楚一点，他把魏忠贤这伙人收拾了，把一些阉党分子都杀了（魏忠贤是自己上吊死的）。但是这场斗争是不是停止了呢？没有停止，东林党人跟魏忠贤的余孽在崇祯十七年（1644）的时候还在继续斗争。崇祯五年（1632），一些东林党人的后代跟与东林党有关系的地方上的知识分子组织了一个团体，叫作"复社"，以后又有"几社"，有大批青年知识分子参加。表面上他们是以文会友，写文章、写诗，是学术研究组织，实际上有政治内容。大家可能看过《桃花扇》这出戏，这出戏里的侯朝宗、陈贞慧、吴应箕、冒辟疆四公子都是复社里面的人。当时李自成已经占领了北京，崇祯上吊死了。这个消息传到了南方，没有皇帝怎么办？这时一些阉党人物就想拥小福王（由崧）来做皇帝。原来万历把最喜欢的那个儿子福王（常洵）封在河南洛阳，这是老福王。这个人很坏，在他封到洛阳时，万历给他四万顷土地，河南的土地不够，还把邻省的土地也给他，老百姓都恨透了。李自成进入洛阳以后，把老福王杀掉了。小福王由崧（这也不是个好东西）逃到南京。当时在南京掌握军事实权的是过去和魏忠贤有关系的阉党人物马士英，替他出主意的也是一个阉党分子，叫阮大铖，他们把小福王抓到手中，把他捧出来做皇帝。可是政府里面另外一批比较正派的人，像史可法、高弘图、姜日广等主张立潞王（常淓）做皇帝。这个人比较明白清楚。但马士英他们先走了一步，硬把福王捧出来做了皇帝。这样，在南京小朝廷里又发生了东林党与非东林党之争。因为马士英和阮大铖是当权的，史可法被排挤出去，去镇守扬州。在清军南下的时候，史可法坚决抵抗，在扬州牺牲了。马士英和阮大铖在南京搞得不像样，清军一步步逼近南京。这时候小福王在做什么呢？在跟阮大铖排戏。也就在这个时候，上面说的四公子就起来反对阮大铖，他们出布告，揭露阮大铖过去是魏忠贤的干儿子，名誉很不好，做了很多坏事，不能让他在政府里当权。号召大家起来反对他。南京国子监的学生也支持他们的主张，这样就形成一个学生运动。侯朝宗这些人虽然得到广大知识分子的支持，但是他们根本没有实力。而马士英、阮大铖有军事力量。结果有的人被逮捕了，有的人跑掉了。不久之后，清军占领南京，小福王的政权也就被消灭了。

党争从1594年开始，一直到1645年，始终没有停止过。无论是在政治问题上，还是在军事问题上，都争论不休。这种争论是什么性质的呢？这是地主阶级内部的矛盾。开始是东林党和齐、楚、浙三党之争，后来演变为东林党与阉党之争。由于东林党的主张在某些方面是有利于当时的生产和发展的，因此他们得到了人民的支持。但是反过来说，所有的东林党人都反对农民起义。这是他们的阶级本质决定的。譬如史可法这个历史人物，从他最后这段历史来说是应该肯定的。那时候，清军南下包围扬州，他的军事力量很薄弱，也得不到南京的支持，孤军据守扬州。但他宁肯牺牲不肯投降。这是有气节的人，也就是毛主席所说的有骨气。我们中国人是有骨气的，史可法就是这种有骨气的代表人物。但是他以前的历史就不好追究了。他以前干什么呢？镇压农民起义。在阶级斗争极为尖锐的时候，这些人的阶级立场是极为清楚的，反对农民起义，镇压农民起义。即使在他抗拒清军南下的时候，还要反对农民起义。有没有同情农民起义呢？没有。不可能要求统治者来同情被统治者的反抗。

对于这样一段党争的历史，要具体分析，具体研究。党争跟明朝的政治制度有关系。明太祖在洪武十三年（1380）取消了宰相，取消了中书省，搞了几个机要秘书到内廷来办事情。到明成祖时搞了个内阁，这是个政府机构。内阁的权力越来越大，代替了过去的宰相，虽然没有宰相之名，但是有宰相之实。至于给皇帝个人办事的有秘书，就是在宫廷里面设立一个机构，叫作"司礼监"。这是一个内廷机构，不是政府机构。司礼监有一个秉笔太监，皇帝要看什么政府报告，让秉笔太监先看；皇帝要下什么书面指示，也让秉笔太监起稿。皇帝年纪大一些、知识多一些的，还能辨别是非，是不是同意，他自己有主见。可是一些年轻的皇帝就搞不清楚，结果司礼监的秉笔太监就操纵政治，掌握了政权。因为用人和行政的权力都给了司礼监，结果形成了明朝后期的太监独裁。在明朝历史上有很多坏太监，像明英宗时代的王振，明武宗时代的刘瑾，天启时代的魏忠贤等。太监当家的结果，就造成了政府与内廷之争，也就是统治阶级内部地主阶级知识分子与太监争夺政权的斗争。明朝后期五十年的东林党之争就是在这样的背景之下进行的。

随着太监权力的扩大，不但中央被他们控制了，地方也被他们控制了。洪武十三年（1380）以后，地方上设有三司（都指挥使司、布政使司、按察使司）。三司是各自独立的，都受皇帝的直接指挥。到了永乐时代，当一个地区发生了军事行动，像农民起义或其他的群众斗争爆发的时候，这三个司往往意见不统一，各管各的。结果只好由中央政府派官员去管理这个地方的事。这个官叫巡抚。巡抚是政府官员，常常是由国防部副部长即兵部侍郎担任。巡抚出去巡视各个地方，事情完了就回来。可是由于到处发生农民战争和民族与民族之间的战争，这个官去了以后就回不来了，逐渐变成一个地方的常驻官了。因为巡抚是中央派去的，所以他的地位在三司之上。过去三司使是地方上最大的官，现在三司使上面又加了一个巡抚。但这能不能解决问题呢？还是不能解决问题。为什么呢？因为巡抚只能指挥这一个地区的军事行动，比如浙江的巡抚就只能管浙江这一个地方。可是遇到军事行动牵涉几个省的时候，这个巡抚就不能管了。于是又派比巡抚更高的官，即派国防部部长——兵部尚书出去做总督。总督管几个省或一个大省。有了总督之后，巡抚就变成第二等官了，三司的地位则更低了。可是到了明朝后期，总督也管不了事。为什么呢？因为战争扩大了，农民战争和辽东的战争往往牵涉五六个省。五六个省就往往有五六个总督，谁也管不了谁。结果只好派大学士出去做督师。总督也归他管。这是一方面。另一方面，明朝为了镇压各地人民的反抗，就派军官到各地去镇守，叫作总兵官，也就是总指挥。统治者对总兵官不放心，怕他搞鬼，因此总是派一个太监去监督，叫作监军。哪个地方有总兵官，哪个地方就有监军。监军可以直接向皇帝写报告，因为他是皇帝直接派出去的。因此，不但总兵官要听他的话，就是像巡抚这一类的地方官也要听他的话。这样，就形成了中央和地方都是太监当家的局面，明朝的政治变成太监的政治了。此外，明朝的皇帝贪图享受，为了满足自己生活上的欲望，哪个地方收税多就派一个太监去，哪个地方有矿藏也派一个太监去，叫作"税使""矿使"。全国的主要矿区，东北起辽东，西南到云南，以及武汉、苏州等大城市都有税使、矿使搜刮民脂民膏。这些太监很不讲道理，他们的任务就是弄钱。他们根本不懂得什么矿，更不懂得怎么开采，却要开矿。只要听说这个地方有金矿就要开，而且规定要在这里开三百两、五百两。如果开不出来怎么办？就要这个地方的老百姓来赔。老百姓要反抗，他就说你的房子下面有矿，把房子拆了开矿。收税也很厉害。苏州有很多机户，纺织工人数量很大。他们要加税，每一张织机要加多少钱。老百姓交不起就请愿。请愿也不行。结果就起来反抗，把太监打死，形成市民暴动。苏州市民暴动出了一个英雄人物，叫作葛贤。这个人后来被杀了。因为明朝政府要屠杀参加暴动的市民，他挺身出来顶住了。不仅在苏州，在武汉、辽宁、云南各个地方都发生了市民暴动。有的地方把太监赶跑了，有的地方把太监下面的人逮住杀了。市民暴动是明朝后期历史的一个特征。人民的生活日益困难，不但农民活不下去，城市工商业者也活不下去了，他们便起来反对暴政。

因此，当时一些比较有见解的政治家，就在政治上提出了一些主张。譬如大家知道的海瑞就是这样。他提出了什么主张呢？他做苏州巡抚，管理江苏全省和安徽一部分。这个地区的土地情况怎样呢？前面说到明朝初年土地比较分散，阶级斗争比较缓和。可是一百多年以后，情况改变了，土地全部集中在大地主、大官僚的手中，而且越来越集中。就在海瑞所管辖的地区松江府，出了一个宰相叫徐阶，他就是一个大地主，家里有二十万亩土地。土地都被大地主占有，农民没有土地，只能逃亡。土地过分集中，使农民活不下去，阶级矛盾越来越尖锐。海瑞看出了毛病，他想缓和这种情况。当然，他不能也不知道采取革命的手段。他采取什么办法呢？他认为要解决人民的生活问题，要使人民不去搞武装斗争反对政府，就必须使这些穷人有土地可种。土地从哪里来呢？土地都在大地主手里，而大地主所以取得这些土地，主要的手段是非法的强占。因此他提出这样一个政治措施：要求他管辖地区内的大地主阶级，凡是强占的土地一律退还给老百姓，使老百姓多多少少有一些土地可以耕种，能够活下去。这样来缓和阶级矛盾。他坚决主张这种做法。这一来，大地主阶级就联合起来反对他，结果这个苏州巡抚只做了半年多就被大地主阶级赶跑了。海瑞的办法能不能解决当时的土地问题？当然不可能。把大地主阶级强占的一部分土地归还给老百姓能不能稍微缓和一下阶级矛盾呢？可以缓和一下。可是办不到，因为地主阶级不肯放弃他们已经到手的东西。海瑞是非失败不可的。类似海瑞这样的政治家当时还有没有呢？有的。他们也感到了阶级矛盾和阶级斗争的严重性，认为这个政权维持不下去。但是能不能提出一个解决的办法呢？谁也没有办法。不但统治阶级，就连农民起义的领袖也提不出解决的办法来。

阶级矛盾日益尖锐，最后形成了明末的农民大起义。崇祯时代，各地方的农民都起来斗争，最后形成两支强大的军事力量，一支以李自成为首，一支以张献忠为首。他们有没有明确地提出解决阶级矛盾的办法呢？也没有。李自成后期曾经提出"迎闯王，不纳粮"的口号争取广大农民的支持，结果他的队伍一下子就发展到一百多万，农民、小手工业者、城市贫民都跟着他走。但是不纳粮也不能解决问题。现在有一个材料，就是山东有一个县，李自成曾经统治过那个地方，当时有人主张分田给百姓。分了没有呢？没有分。他提不出明确的办法，不但提不出消灭地主阶级的根本方针，甚至连孙中山那样的"平均地权"的办法也提不出。所以消灭封建剥削、消灭地主阶级这个根本问题，在古代历史上的任何时期都不能解决。不但地主阶级知识分子、官僚提不出解决办法，就是反对封建地主阶级的农民起义领袖也提不出解决的办法，这个问题只有在我们这个时代才能解决。我们研究过去的农民革命、农民起义时，不能把我们今天的思想意识强加于古人。我们这个时代能办到的事，不能希望古人也能办到。否则就是非历史主义的观点。目前史学界在有些问题上存在一些偏向，总希望把农民起义的领袖说得好一些，说得完满一些，不知不觉地把自己所理解的东西加在古人身上。这是不科学的、非马克思主义的观点。我们只能根据历史事实来理解、来解释、来研究和总结历史，而不可以采取别的办法。

　　附带讲一个小问题。前面提到巡按御史，到底巡按御史是个什么官？我们经常看京戏，很多京戏里都有这么一个官。所谓八府巡按，威风得很。他是干什么的呢？我们前面讲过御史，就是十三道御史，是按照行政区划设置的。每一道御史的职务就是监察他这个地区的官吏和政务。同时，中央有一个机构叫都察院。都察院的官吏叫左、右都御史，左、右都御史下面是左、右副都御史，左、右副都御史下面是左、右佥都御史，再下面就是御史和巡按御史。巡按御史是由都察院派出去检查地方工作的。凡是地方官有违法失职的，他们有权提出意见来。他们还可以监察司法工作，有的案子判得不正确，他们可以提出意见。老百姓申冤的，地方官那里不能解决问题，可以到巡按御史这里来告。这就是戏上八府巡按的来源。御史的官位大不大呢？不大，只是七品官。当时县官也是七品官。知识分子考上进士以后，有一批人就分配做御史。御史管的事情很少，可是在地方上有很高的职权。为什么呢？因为他代表中央，代表都察院，是皇帝的耳目之官。建立这样一种制度的目的是什么呢？目的是想通过巡按御史的监察工作，来缓和当时人民和政府之间的矛盾，解决一些问题。贪官污吏，提出来把他罢免；冤枉的案子帮助平反。于是老百姓对这样的官员寄予很大的希望，希望他们能帮助自己申冤。这种愿望，在当时的一些文学作品中得到了反映。虽然这些人在实际政治生活中并没有解决什么问题，但是一些文学家、艺术家在一定程度上反映了人民的要求，创作了许多这类题材的作品，特别是明清两代有很多剧本是反映这个思想的。这些作品大体上有这样一些共同的内容：一类是描写老百姓受了冤枉，被大地主、大官僚陷害，被关起来或者判处了死刑，最后一个巡按给他翻了案。或者是描写皇庄的庄头作威作福，不但庄田范围以内的佃农，就是庄田附近的老百姓也受他们的欺侮。姑娘被抢走了，家里面的东西被抢走了，后来遇上侠客打抱不平，或者清官出来把问题解决了。在明朝后期和清朝前期，有不少的小说、剧本是描写这些恶霸、庄头的残暴行为的。这是一类。另一类作品反映了当时知识分子的出路问题。当时的知识分子无非是通过考试中秀才、中举人、中进士。中了进士干什么呢？当巡按御史。因此有很多作品是这样的题材：一位公子遇难，在后花园里遇到一位小姐。小姐赠送他多少银子。以后上北京考上了进士，当上了八府巡按。最后夫妻团圆。这个时期的文学作品大体上有这几方面的题材，反映了这个时期的政治生活、阶级斗争的一些问题。

碰头和御前会议

清朝做官有秘诀：多磕头，少说话

清末大学士瞿鸿禨的爆直、遇恩，《圣德纪略》和金梁（息侯）的《四朝见闻》《光宣小纪》两书，有许多地方可以互相印证。

在瞿中堂的书里，所见到的满纸都是碰头，见皇上碰头，见太后碰头，上朝碰头，索荷包碰头，赐宴碰头再碰头。碰头大概和请安不同，据金息侯的记载，请安是双膝跪在地下，两手垂直的，而碰头似乎还得弯腰把额角碰在地面上吧。《汉书》上邓通见丞相申屠嘉首出血不解，大概是清人所谓碰响头，碰得额角坟起，以至出血。古书上所谓"泥首"，大概也是以首及泥的意思。不过，虽然碰头于古有据，而碰头之多、之为人津津乐道，满纸都是，则未可以为渊源于古，只能说是清代的特色。

清人做官的秘诀，相传有六个字："多碰头，少说话。"

年老的官僚多半要做一个护膝，即在膝盖上特别加上一块棉质的附属品，以为长跪时保护膝盖之用。

左宗棠有一次在颐和园行礼，跪久了，腰酸向前伏了一会，立时被弹劾，以为失仪。

军机大臣朝见两宫议事，一顺溜跪在拜垫上，有几个便殿，地方窄挤成一团，名位低的军机跪得比较远，什么也听不见，议是谈不上的。照例，一大堆文件，皇太后翻过了，出去上朝，在接见第一批臣僚的短短时间内，军机大臣几人匆匆翻了一下，到召见时，有的事接头，大部分都莫名其妙。两个坐着，一群人跪着，首班跪近，还摸得着一点要说什么，其余的便有点不知所云了。往往弄得所答非所问，丈二和尚摸不着头脑。说了一阵子，国家大事小事便算定局。议政王大臣会议也是这个作风，小官说不了话，大臣不敢说话，领班的亲王不知道说什么话，讨论谈不上，争辩更不会有。多半是亲王说如此如此，大家点头，散会。以后再由属员拟稿，分送各大臣签署奏报。金息侯叹气说："这真是儿戏！"其实儿戏又何可厚非，小孩子到底天真，这批老官僚的天真在哪里？道道地地的官僚作风而已，儿戏云乎哉！（本节仅凭记忆）

廷杖

知识分子做官的日常：挨板子

杖，这一字，拿清朝官吏惯说的话来翻译，是"打板子"。打老百姓的板子，自然不足为奇，可是打官吏就奇，打小官也罢了，如果打的是大官，是政府中要人就更奇。打的是大官，喝打的人，却是皇帝或太监，打的地方，就在殿廷，这就叫廷杖。廷杖这名词最流行的时期是明代，可是，创造制度的，却不是明太祖。蒙古人早已用这手段，对付他的文武大臣了。试引数例作证，《元史·桑哥传》：

至元二十四年（1287）十一月，桑哥言：臣前以诸道宣慰司及路府州县官吏，稽缓误事，奉旨遣人逼笞责之。

这一次打的是地方长官，虽然没有指明是哪一些地方的长官，可是从"诸"字看来，大概挨板子的一定不少。打了以后，并没罢官，大概是将息了几天，就起来办事。据同书《赵孟頫传》，也记有同样的事件：

至元二十四年，诏遣尚书刘宣与孟頫，驰驿至江南，问行省丞相慢令之罪，凡左右司官及诸路官，则径笞之。孟頫受命而行，比还，不笞一人，丞相桑哥大以为谴。

这事和《桑哥传》所记时月相同，主使人也相同，可是罪案不同，也许不是同一件事。那么，从此看来，可见那时期的政府，是时常派使臣出去打地方官吏的板子的。最妙的是，赵孟頫被派去打人，他不肯打，后来却自己挨了一顿打，只因为迟到几分钟的关系，同传：

桑哥钟初鸣时即坐省中，六曹官后至者则笞之。孟頫（兵部郎中）偶后至，断事官遽引孟頫受笞。孟頫入诉都堂右丞叶李曰：古者刑不上大夫，所以养其廉耻，教之节义，且辱士大夫，是辱朝廷也。桑哥亟慰孟頫使出，自是所笞，惟曹史以下。

可是比起周戡来，孟頫总算便宜，《陈天祥传》：

左司郎中周戡因议事微有可否，（卢）世荣诬以沮法，奏令杖一百，然后斩之。

后来越打越手滑，即使是最小的过失，也照例打一顿，《阎复传》记：元贞三年（1297）疏言：

古者刑不上大夫，今郡守以征租受杖，非所以厉廉隅。

《韩镛传》：

至正七年（1347），有旨以织币脆薄，遣使笞行省臣及诸郡长吏，独镛无预。

史臣竟因韩镛侥幸免打，而特笔记这件事，可见官吏挨打，在当时真到家常便饭的地步了。

上引一些例，打的不过都是小臣，打的地方，都不在殿廷内。现在试引一件打的是宰相，又是在殿内打的史料，据《张珪传》：

延祐二年（1315），拜中书平章政事……失列门传皇太后旨，召珪切责，杖之。珪创甚，舁归京师，明日遂出国门。

这可以说是明代廷杖的师范。同样，外面的最高地方长官，也有挨打的，《史弼传》：

至元二十九年（1292），拜荣禄大夫、福建等处行中书省平章政事，往征爪哇……朝廷以其失亡多，杖七十，没家赀三之一。

以上所记的，都不过是挨打而已，末年，竟有故意打死人的惨剧，《成遵传》：

至正十九年（1359），用事者承望风旨，……诬遵与参政赵中、参议萧庸等六人皆受赃。……遵等竟皆杖死。

据《铁失传》，蒙古人也同样地挨打：

至治二年十月（1322），江南行台御史大夫脱脱以疾请于朝，未得旨辄去职。铁失奏罢之，杖六十七，谪居云南。

《杨朵儿只传》：

江东、西奉使斡来不称职，权臣匿其奸，冀不问。朵儿只劾而杖之，斡来愧死。

这倒是一个血性汉子，比汉人有气骨多了。

从此看来，廷杖并不是国粹，是蒙古人传下来的习惯，他们过去在蒙古是不是动不动就用板子打人，我不知道。可是，在中国，据上面所记的看来，确然是常常打无疑，明朝的皇帝们，绝不能引廷杖的威风为荣，因为打的是汉人，被打的也还是汉人。可是这两个朝代，也还有一个共通的可以自豪的一点，这一点是，凡被打的，都是知识分子，而且大部分是儒生。怪不得明太祖一做皇帝，就立下"寰中士夫不为君用"之条，儒生不肯做官的一律杀头，当时人之所以不肯做官，想也是怕挨板子的缘故。然而明代一代做官的，不论大小，至少有百分之九十，还是儒生，不知道是怕杀头的缘故，还是已经练好挨板子的本领的缘故。

那么，从此看来，建州人入关以后，无论中外官吏，都一律对皇帝自称奴才的理由，是可以解释的了。这理由很简单的，是在清代不很听说有人挨板子。

从挨板子而到自称奴才，这是五百年来知识分子的生活缩影。

明代的廷杖，早已脍炙人口，不赘。

第三章

古人怎么打仗

古代的战争

古代战争取胜的关键：射马、夺旗、斩将

苏联国防部长马利诺夫斯基在苏共二十一次代表大会上，讽刺美英战争狂人的核战争方案说："先生们，你们的手太短了！"

现代战争广泛运用科学技术成就，苏联的洲际火箭、导弹可以击中地球上任何一个角落，百发百中；苏联的科学技术成就有力地保障了世界和平，使得手太短的战争狂人不敢轻于发动毁灭自己的战争。

手长短说明今天两大阵营的军事力量。

古代也是如此。在远距离的杀伤武器发明以前，战争是人与人的搏斗，枪、刀、箭、槊等都是手的延长。战将和士兵的体力，运用武器的熟练程度，武器的重量和勇敢、机智的结合，在战争中发生作用。

在战争进行中，士兵和士兵、战将和战将搏斗，面对面地厮杀，往往以伤亡较多的一方无力继续进行战斗而结束战局。

将军和将军的厮杀，大战几百个回合。甲杀了乙或乙杀了丙，虽然不一定决定战争的胜负，但是，在有些场合，却也起着关键性的作用，特别是敌方的主将或骁将阵亡，失去指挥，影响士气，就非打败仗不可了。

小说和戏文上常常描写战争，除了战争双方的队伍用几个战士作为大军的象征以外，战争展开的重点通常放在两方主将的搏斗上面，这种表现手法是有历史事实根据的。

在斗将的场合，有大战几百个回合之说，一个回合的意思是交手一次。战将无论骑将或步将，都得手执武器。两军相对，中间有一段距离，双方同时前进，到了面对面接触的程度，互用武器杀伤对方，一击不中，就得退回来，准备第二次的接触，这样一进一退，就叫一个回合。在生和死的搏斗中，手的长短也就是武器的长短、重量是有极重要意义的。长枪、大刀、马槊等长武器要比用剑、短刀这类短武器更为优越。而更重要的则是使用武器的熟练程度、人的机智，这就要讲武艺了。同样的体力和武器，决定胜负的是武艺。战将为了保护自己，就得戴盔披甲，一副盔甲分量是很重的，骑将的马也得披甲，再加上武器本身的重量，没有极健壮的体力是支持不了的。在有些场合，斗到相持不下的时候，还得换马。也有这样一种情况，战将本人并未打败，只因马力乏了，或者马受伤了，进退不得，被敌方杀伤，吃了败仗。"射人先射马"，就是这个道理。

战争时用旗、金、鼓指挥，叫作三官。

旗是管节度的，大将有大纛，指挥全军，有方面旗：东方碧，南方赤，西白，北黑，中央土，指挥各方。因为人多距离远，讲话听不见，走马传令费时间，就用旗来指挥：中央旗挥动，全军集合，旗俯即跪，旗举即起，卷旗衔枚，卧旗俯伏，见敌旗三挥，布阵旗左右挥。方面旗举，方面兵急须装束，旗俯即进，旗竖即住，旗卧即回。召将用皂旗，一点皂旗队头集，二点皂旗百人将集，三点皂旗五百人将集，一点一招千人将集。

金、鼓管进退，击鼓进军，鸣金退军。

击鼓三通共千槌，一通三百三十三槌（一说是三百六十五槌）。行军平时挝鼓吹角戒严，吹角一十二变为一叠，鼓音止，角音动，一昼夜三角三鼓。大将以下都按级别备鼓，遇有紧急事故，先头部队击鼓报警，全军就进入战争准备状态了[①]。

杀败敌人以首级论功，是沿袭秦的制度，杀一个敌人赐爵一级来的。

报功和发表战绩时也照例要夸大一番，以一为十，例如杀敌百人，露布上必定要写千人之类[②]。

帅旗是中军所在的标识，也是全军指挥的中心，帅旗一倒，全军就失去指挥，陷于混乱。以此，夺取敌方的帅旗也就成为古代战将的主要目标了。

---

① （宋）曾公亮：《武经总要》卷二，《通典》卷一五七。
② 《资治通鉴》卷六六。

古代的斗将

古代斗将有多猛？一人可抵百万兵

两军对垒，将和将斗，叫作斗将。我国的武打戏有悠久的传统，武打戏中的斗将，突出地集中地表现了勇士们的英勇气概，更是受人欢迎。其实，不止是今天的人们喜欢看斗将的戏，古代人也是喜欢的。例如司马光编《资治通鉴》，态度很严肃，取材极谨慎，但写晋将陈安的战斗牺牲，却十分寄与同情。

公元323年7月，晋将陈安被赵主刘曜打败，帅精骑突围，出奔陕中。

刘曜遣将军平先等追击陈安。

陈安左手挥七尺大刀，右手运丈八蛇矛，近则刀矛俱发，一杀就是五六个人，远则左右驰射，边打边逃。平先也勇捷如飞，和陈安搏斗，打了三个回合，夺掉陈安的蛇矛。

到天黑了，下着大雨，陈安和几个亲兵只好丢掉马，躲在山里。第二天天晴了，赵军追踪搜索，陈安被擒牺牲。

陈安待将士极好，和将士共甘苦。死后，陇上人民很想念他，为他作壮士之歌，歌词道：

陇上壮士有陈安，躯干虽小腹中宽，爱养将士同心肝，骢骢交马铁瑕鞍。七尺大刀奋如湍，丈八蛇矛左右盘，十荡十决无当前。战始三交失蛇矛，弃我骢骢窜岩幽，为我外援而悬头；西流之水东流河，一去不还奈子何！

为我外援而悬头，这是陈安被陇上人民长久思念的道理。司马光在北宋对辽和西夏的战争中，怀念古代孤军抗敌的英雄，闻鼙鼓而思将帅，怕也是有所寄托吧。

宋曾公亮《武经总要》也记了几件斗将的故事。一是史万岁。隋将窦荣定将兵击突厥，史万岁到辕门要求参军，窦荣定早听说史万岁勇敢的声名，一见大喜。派人告诉突厥，各选一壮士决胜负。突厥同意，派一骑将挑战，荣定就派史万岁应战。万岁驰出，斩敌骑而回。突厥大惊，立刻退军。

一件是白孝德的故事。史思明攻河阳，使骁将刘龙仙率铁骑五千临城挑战。龙仙健勇，骄傲轻敌，把右脚放在马鬣上，破口嫚骂。

唐军元帅李光弼登城，看敌人情况，对诸将说："谁能去干掉他？"大将仆固怀恩报了名，光弼说："这不是大将干的事，看还有谁去？"大家都推白孝德。

光弼问白孝德要多少兵，孝德说，我一个人就行了。光弼很称赞他的勇气，还问需要什么，孝德只要五十个骑兵，大军鼓噪助威。

孝德手挟两个蛇矛，骑马过水，刘龙仙见他只一个人，不以为意，还是把脚放在马鬣上。稍近，龙仙刚要动弹，孝德摇摇手，好像叫他别动，龙仙不知其意，也就不动了。孝德对他说："侍中（光弼官称）叫我来讲话，没有别的。"龙仙退却几步，还是破口大骂。孝德勒住马，瞪着眼说："狗贼，你认得我吗？"龙仙说："谁啊？"孝德说："我是大将白孝德。"龙仙骂："是什么猪狗！"孝德大叫一声，持矛跃马便刺，城上一齐鼓噪，五十骑也跟着冲锋，龙仙来不及射箭，只好沿堤乱转，孝德追上，斩首而回。

一是王敬荛，说他多力善战，所用的枪、箭都用纯铁制成。枪重三十多斤，摧锋破敌，都以此取胜。

斗将的武艺

古代斗将有哪般武艺？回马枪、夺槊、缊索……

战将和战将面对面的搏斗中，武艺起决定作用。

小说戏文里记着许多回马枪、夺槊、缊索的故事。

唐玄宗时名将哥舒翰善用回马枪。他有家奴名左车，十五六岁，很有力气。哥舒翰每追敌人靠近了，用枪搭敌人的背，大喝一声，敌人失惊回头，趁势刺中喉头，挑起三五尺摔下，没有不死的。这时左车便下马割取首级，每次如此。

唐太宗的大将尉迟敬德善于避槊，每战，单骑冲入敌阵，敌人的槊四面攒刺，终不能伤。又会夺敌槊，反刺敌人，出入重围，往还无碍。

太宗的兄弟齐王元吉也会使槊，看不起敬德，要和他比赛。太宗叫两人把槊的刃去掉了，光用槊竿相刺。敬德说："带刃也不能伤我，不必去。但我的可以去掉。"比的结果，元吉竟不能中。

太宗问他："夺槊避槊，哪个难些？"敬德说："夺槊难。"太宗就叫夺元吉的槊。元吉执槊跃马，一心打算刺杀敬德，不料一会儿功夫，他的矟三次被敬德所夺。元吉以骁勇著名，虽然口头上十分称赞，心里却非常恼恨，以为丢人。

王世充领步骑数万来战，骁将单雄信领骑直追太宗，敬德跃马大呼，横刺雄信坠马，敌军稍退，敬德护卫着太宗突出敌围。[①]

长武器毕竟只能近距离面对面厮杀，远一些就不济事了。这时，弓箭就起了作用。另外，有一种抛掷式的武器叫绢索。武则天时契丹将李楷固善使绢索和骑射、舞槊，每次冲锋，都如鹘入乌群，所向披靡。黄麕（地名）之战，唐将张玄遇、麻仁节皆为所绢[②]。

长武器也讲究重量，《新唐书》卷一九三《张兴传》："为饶阳裨将。（安）禄山反，攻饶阳……兴擐甲持陌刀，重十五斤乘城。贼将入，兴一举刀，辄数人死，贼皆气慑。"《宋史·兵志十一》记1000年时神骑副兵马使焦偓献盘铁槊，重十五斤，在马上挥舞如飞。还有相国寺和尚法山，还俗参军，用铁轮拨，浑重三十三斤，头尾有刃，是马上格战的武器。

唐代中期流行用陌刀作战，最著名的陌刀将是李嗣业，每为队头，所向必陷。748年高仙芝攻勃律（国名，在今新疆边外苏联[③]境内。本为东西布鲁特人所居。布鲁特即勃律），嗣业和郎将田珍为左右陌刀将，吐蕃十万众据守娑勒城，据山因水。嗣业领步军持长刀上山头，大破敌军。756年和安禄山香积寺之战，嗣业

---

① （宋）曾公亮：《武经总要·后集九》。
② 《资治通鉴》卷二〇六。
③ 此为作者原注，勃律在今克什米尔东部拉达克地区。

脱衣徒搏，执长刀立于阵前大呼，当嗣业刀的人马都碎[1]。阚棱善用两刃刀，长一丈，名曰陌刀，一挥杀数人，前无坚对[2]。《裴行俭传》和《崔光远传》也都记有用陌刀作战的故事。《通鉴》卷二〇二注，陌刀，是大刀，一举刀可杀数人。《唐六典》说，陌刀是长刀，步兵所用，就是古代的斩马剑。

---

[1]　《旧唐书》卷一〇九。

[2]　《新唐书》卷九二，《阚棱传》。

诈降和质子

吃了败仗想投降？必须扣押家眷

赤壁之战里有两起诈降，一起是曹操教蔡中、蔡和诈降孙权，理由是因为兄长蔡瑁被杀。临行时曹操对他二人说："二位将军的宝眷现在荆州，必当妥为照应。"恰也正因为不带家眷，被黄盖识破是诈降。一起是黄盖诈降曹操，用苦肉计，周瑜当着蔡中、蔡和打了黄盖一顿，曹操果然相信了，吃了火攻的大亏。

投降要带家眷，曹操教人诈降也要扣留家眷，带兵官的家眷在封建社会里历来是被当作抵押品的。有个专门名词叫作"质"和"质任"。

最早见于史书的例子是周郑交质，郑庄公作周平王的卿士，平王和虢公要好，郑庄公不高兴，发牢骚，平王再三解释还不行，只好交换儿子作抵押。周王子狐为质于郑，郑公子忽为质于周。一个是王，一个是诸侯，君臣两人闹别扭，只好用交换的抵押品来解决。在当时是个大笑话。[1]但是也说明了另外一种情况，那就

---

[1] 《左传·鲁隐公三年》。

是在敌国之间、小国大国之间、弱国强国之间或者是臣对君等等的片面的交纳抵押品的行为，是被认为合理合法的。

三国时的例子很多，曹操为张绣所败后，对诸将说："我降了张绣，错在没有取他的'质'，弄到这个地步。吃了这个亏，长了一智，你们看着吧，从今以后，再也不吃败仗了。"[1]他学到的乖就是取人家的"质"，有了活人抵押作保证，就可以强迫人服从，不敢也不忍造反。辽东公孙渊兄晃在洛阳作质子，公孙渊起兵，晃就被杀。[2]魏的制度，郡县分剧、中、平三等，中、平是内地，人民赋役就重一些，边地近敌的就列为剧，人民赋役轻一些，但是太守要送任子到邺作抵押。[3]吴、蜀两国也是如此。

晋初规定诸将以下部曲督都要送质任或任子。[4]

北宋初年规定，凡是作边地州郡官的，都要挂名兼任内地的州郡官，只许单身赴任，家眷留在内地任所。[5]

明太祖控制诸将很严密，下令："与我取城子的总兵官，妻子俱要在京住坐，不许搬取出外。"[6]

从这些例子可以看出，封建社会里的军事首领和帝王对他们的部将和边地守土官员之间，互相信任的基础是不存在的，保证一致的办法是把部将或边地官员的家眷作抵押品，以取得信任，叫作"委质于人"。曹操要孙权送质子就是这个意思。

---

[1]　《三国志·魏志》卷一。
[2]　同上，卷八《公孙度传》，卷二四《高柔传》。
[3]　同上，卷八《王观传》。
[4]　《晋书》卷二、三、七。
[5]　《宋史》卷二七五，《谭延美传》。
[6]　（明）刘辰：《国初事迹》。

论夷陵之战

战争讲究政略和战略

夷陵之战发生于蜀章武元年（221）。这年七月，刘备率军伐吴，孙权写信请和，刘备盛怒不许。到第二年六月，吴将陆逊大破蜀军于夷陵（今湖北宜昌），刘备退屯白帝城，十月，孙权又遣使请和，刘备答应了。这一仗前后历时一年，吴将陆逊坚取守势，捕捉战机，最后以火攻取得大胜，是历史上有名的战役之一。

战事发生的原因是荆州的归属问题。

公元208年赤壁战役之后，曹军败退，留曹仁、徐晃守江陵，周瑜、刘备水陆并进，追到南郡（今湖北江陵县东南），瑜军围曹仁，相持了一年多，曹仁弃城走。孙权以周瑜为南郡太守。刘备推刘琦为荆州刺史，南征四郡，武陵（今湖南常德）、长沙（今湖南长沙）、桂阳（今湖南郴县）、零陵（今湖南零陵）皆降。刘琦病死，诸将推刘备为荆州牧，驻公安（今湖北公安）。刘备从此有了根据地了。

荆州原来不属孙权，赤壁之战，刘备是有功劳的，南征四郡是刘备自己的战果，蜀吴双方怎么会发生荆州的归属问题呢？据《吴书·鲁肃传》："后备诣京见权，求都督荆州，惟肃劝权借之，共拒曹公。"鲁肃死后，孙权评论他："后虽劝吾借玄德地，是其一短。"看来当时兵力，孙强刘弱，孙权兵力可以直取四郡，刘备要求有个立足之地，鲁肃从孙刘联盟，为曹操树敌的战略出发，劝孙权答应。有了这个默契，刘备才能南取四郡，和孙吴成掎角之势，所以"曹操闻权以土地业备，方作书，落笔于地"，给曹操以极大威胁。

公元214年，刘备取益州。第二年孙权就要讨还长沙、零陵、桂阳三郡。刘备不肯。孙权派吕蒙率军争取，刘备也到公安，派关羽争三郡。鲁肃驻益阳（今湖南益阳），和关羽相拒。鲁肃责备关羽不还三郡。关羽说：赤壁之战，刘备和吴军勠力破魏，岂能徒劳？连立足之地都没有！达不成协议。正好这时曹操南定汉中，蜀汉北方受到威胁，刘备赶紧与孙权联合，分荆州为二，江夏、长沙、桂阳属吴；南郡零陵、武陵属蜀，以湘水为界，双方罢兵。暂时妥协了，但问题并未根本解决。

公元219年，关羽率众攻曹仁于樊（今湖北襄阳），水淹于禁七军，斩将军庞德，威震华夏。曹操遣使说孙权，出军攻关羽后路，权将吕蒙诱降关羽在江陵、公安的守将，尽虏羽军妻子。羽军遂散，关羽父子出走，为孙权所杀。

刘备失了荆州，也就失去了向东出川的门户和与曹操抗衡的军事重镇，在战略上是非争不可的。

他和关羽、张飞的关系，从汉灵帝末年，公元184年黄巾起义以后，便相从征伐，"寝则同床，恩同兄弟"。小说上桃园结义之说，便是从这两句话演绎出来的。三四十年的战友、君臣，镇守出川门户的上将，一旦摧折，刘备的感情冲动是可想而知的。公元221年张飞又为部下所杀，持首级奔吴，旧仇加新恨，伐吴报仇便成为他的最后志愿，什么好话也听不进去了。

诸葛亮远在隆中对策时，便指出孙权"可与为援而不可图"。赤壁战前，他和鲁肃共同努力，定下了联合抗曹的大计。他是始终坚持刘、孙两家联合方针的。但他也深知刘备的个性，对关羽、张飞的感情，和荆州在军事上的重要性，明知用言语是劝阻不了刘备的。夷陵败后，他叹气说：

使法孝直（正）若在，则能制主上，令不东行。就复东行，必不倾危矣。

赵云是坚决反对伐吴的，他指出主要的敌人是曹操，不是孙权。如先灭魏，则吴自服。当前形势，决不应该放掉主要的敌人，先和孙吴交兵。广汉处士秦宓也说天时不利，朝臣很多人都反对，刘备一概不听。

蜀吴交兵后，孙权遣使求和。吴将诸葛瑾驻公安，写信劝刘备，要他留意于大，不要用心于小。指出关羽和汉朝的轻重、荆州和海内的大小，虽然都应仇疾，但要分清先后。论点和赵云是一致的，刘备当然不能接受。

交战双方，蜀军由刘备自己指挥，兵四万余人，大将吴斑、冯习攻破权将李异、刘阿等于巫，进军秭归。将军黄权自请为先锋，劝刘备为后镇，刘备不听，派他督江北军以防魏师。夷陵败后，交通断绝，他不肯降吴，只好降魏。备军从巫峡、建平连营直到夷陵界，立数十屯，树栅连营七百多里，全军成一条直线，居高临下，兵力分散。曹丕听说蜀军布置之后，笑道："刘备不懂兵法，岂有立营七百里而可以拒敌的！必败无疑。"

吴军以陆逊为大都督，率诸将朱然、潘璋、宋谦、韩当、徐盛、鲜于丹、孙桓等五万人拒守。蜀军远来，利于速战，吴军诸将要迎击，陆逊坚决不许。他指出蜀军锐气方盛，而且乘高守险，不利进攻，如有不利，影响全局。不如坚闭固拒，伺机捕捉战机，以逸制劳，取得胜利。

两军对峙相持了七八个月，蜀军兵疲意沮，陆逊乘机发起攻击，先攻一营，得不到便宜。诸将正埋怨他枉然死了许多人，陆逊却说，我已经找到破敌的方法了，下令诸军每人拿一把茅草，乘风纵火，全线进攻，阵斩蜀大将张南、冯习，连破四十余营，蜀军溃败，刘备退守白帝城。

蜀军败后，吴诸将要求直取白帝，陆逊认为曹丕正在大合士众，不怀好意。下令退军。

这年十一月，孙权遣使到蜀汉聘问，刘备也遣使报聘，两国又恢复和平，重建了对魏的犄角之势。

这次战役，刘备犯了两个大错误：第一是政略的错误，正如赵云、诸葛瑾所指出的，他把大小、轻重摆错了次序，因荆州之失、关羽之死而发动对吴战争，破坏了两国联合共同抗曹的正确策略；第二是战略的错误，不听黄权的忠告，把他一军放在江北，削弱了兵力，又把全军列成纵深战斗序列，战线过长，兵力分散，前军一败，后军动摇，彼此不相呼应，造成全面的败局。

阵图和宋辽战争

北宋为何走不出屡战屡败的怪圈？

在古代，打仗要排阵，要讲究、演习阵法。所谓阵法就是野战的战斗队形和宿营的防御部署；把队形、部署用符号标识，制成作战方案，叫作阵图。

根据阵图在前线指挥作战或防御的带兵官，叫作排阵使。

从历史文献看，如郑庄公用鱼丽阵和周王作战，到清代的太平军的百鸟阵，无论对外对内，无论是野战，或防御，都要有阵法。没有一定的组织形式，几千人几万人一哄而上，是打不了仗的，要打也非败不可。其中最为人所熟知的是诸葛亮的八阵图，"功盖三分国，名成八阵图"的诗句，一直为后人所传诵。正因为如此，小说戏剧把阵图神秘化了，如宋辽战争中辽方的天门阵，杨六郎父子虽然勇敢，但还得穆柯寨的降龙木才能破得了。

穆柯寨这出戏虽然是虚构的，但是就打仗要排阵说，也反映了一点历史的真实性。从公元976年到1085年左右，这一百一十年中，北宋历朝的统治者特别重视阵图（无论是在这时期以前或以后，关于阵图的讨论、研究、演习、运用，对前线指挥官的控制和阵图在战争中的作用，都比不上这个时期）。从这一时期的史料分析，北宋的统治者是用阵图直接指挥前线部队作战的，用主观决定的战斗队形和防御部署，指挥远在几百里以至千里外的前线部队。敌人的兵力部署、遭遇的地点、战场的地形、气候等，都凭主观的假设决定作战方案，即使作战方案不符合实际情况，前线指挥官也无权改变。照阵图排阵打了败仗，主帅责任不大；反之，不按阵图排阵而打了败仗，那责任就完全在主帅了；败军辱国，罪名极大。甚至在个别场合，机智一点而又有担当的将领，看出客观情况不利，不按阵图排阵，临机改变队形，打了胜仗，还得向皇帝请罪。

宋辽战争的形势，两方的优势和劣势，989年熟悉北方情况的宋琪曾作具体分析，并提出建议。他说："每蕃部南侵，其众不啻十万。契丹入界之时，步骑车帐，不从阡陌，东西一概而行。大帐前及东西面，差大首领三人各率万骑，支散游奕，百十里外，亦交相侦逻，谓之栏子马……未逢大敌，不乘战马，俟近我师，即竞乘之，所以新羁战蹄，有余力也。且用军之术，成列而不战，俟退而乘之。多伏兵断粮道，冒夜举火，土风曳柴，馈饷自赍。退败无耻，散而复聚，寒而益坚，此其所长也。中原所长，秋夏霖霪，天时也；山林河津，地利也；枪突剑弩，兵胜也；财丰士众，力强也。"契丹以骑兵冲锋为主，宋方则只能凭气候地利取守势。以此，他建议"秋冬时河朔州军，缘边砦栅，但专守境"。到戎马肥时，也"守陴坐甲，以逸待劳……坚壁固守，勿令出战"。到春天新草未生、陈草已朽时，"蕃马无力，疲寇思归，逼而逐之，必自奔北"。最后，还提出前军行阵之法，特别指出，要"临事分布，所贵有权"。①宋太宗采纳了他一部分意见，沿边取守势，做好防御守备，但要集中优势兵力，大举进攻。至于授权诸将，临事分布，则坚决拒绝了。

由于宋辽的军事形势不同，采取防御战术，阻遏骑兵冲击的阵法便成为宋代统治者所特别关心的问题了。在平时，和大臣研究、讨论阵图，如987年并州都部署潘美、定州都部署田重进入朝，宋太宗出御制平戎万全阵图，召美、重进及崔翰等，亲授以进退攻击之略。②997年又告诉马步军都虞候傅潜说：

> 布阵乃兵家大法，小人有轻议者，甚非所宜。我自作阵图给王超，叫他不要给别人看。王超回来时，你可以看看。③

1000年，宋真宗拿出阵图三十二部给宰相研究，第二年又和宰相讨论，并说："北戎寇边，常遣精悍为前锋，若捍御不及，即有侵轶之患。今盛选骁将，别为一队，遏其奔冲。又好遣骑兵出阵后断粮道，可别选将领数万骑殿后以备之。"④由此可见，这些阵图也是以防御敌骑奔冲和保卫后方给养线为中心思想的。1003年契丹入侵，又和宰相研究阵图，指出："今敌势未辑，尤须阻遏，屯兵虽多，必择精锐，先据要害以制之。凡镇、定、高阳三路兵，悉会定州，夹唐河为大阵。量寇远近，出军树栅，寇来坚守勿逐，俟信宿寇疲，则鸣鼓挑战，勿离队伍，令先锋、策先锋诱逼大阵，

---

① 《宋史》卷二六四，《宋琪传》。
② （宋）李焘：《续资治通鉴长编》卷二八。
③ 同上，卷四〇。
④ 同上，卷四七、四九。

则以骑卒居中，步卒环之，短兵接战，亦勿令离队伍，贵持重而
敌骑无以驰突也。"①连远在河北前线部队和敌人会战的地点以及
步外骑内的战斗部署都给早日规定了。1004年八月出阵图示辅臣，
十一月又出阵图，一行一止，付殿前都指挥使高琼等。②1045年宋
仁宗读《三朝经武圣略》，出阵图数本以示讲读官。③又赐辅臣及管
军臣僚临机抵胜图。④1054年赐近臣御制攻守图。⑤1072年宋神宗赐
王韶御制攻守图、行军环株、战守约束各一部，仍令秦凤路经略
司钞录。⑥1074年又和大臣讨论结队法，并令五路安抚使各具可用
阵队法，及访求知阵队法者，陈所见以闻⑦，出攻守图二十五部赐
河北。⑧1075年讨论营阵法，郭固、沈括都提出意见，宋神宗批评
当时臣僚所献阵图，以为皆妄相惑，无一可取；并说："果如此辈
之说，则两敌相遇，须遣使预约战日，择一宽平之地，仍夷阜塞
壑，诛草伐木，如射圃教场，方可尽其法耳。以理推之，知其不
可用也决矣。"否定当时人所信从的唐李筌《太白阴经》中所载
阵图，以为李筌的阵图止是营法，是防御部署，不是阵法。而采
用唐李靖的六花阵法，营阵结合，止则为营，行则为阵，以奇正
言之，则营为正，阵为奇，定下新的营阵法。沈括以为"若依古
法，人占地二步，马四步，军中容军，队中容队，则十万人之队，

---

① （宋）李焘：《续资治通鉴长编》卷五四。
② 同上，卷五七、五八。
③ 同上，卷一五四。
④ 同上，卷一五六。
⑤ 同上，卷一七六。
⑥ 同上，卷二四一。
⑦ 同上，卷二五四。
⑧ 同上，卷二五六。

占地方十余里，天下岂有方十里之地，无丘阜沟涧林木之碍者！兼九军共以一驻队为篱落，则兵不可复分，如九人共一皮，分之则死，此正孙武所谓縻军也"。①可见宋神宗的论断，是采取了沈括的意见的。宋代统治者并以阵法令诸军演习，如宋仁宗即位后，便留心武备，令捧日、天武、神卫、虎翼四军肄习战阵法。②1044年韩琦、范仲淹请于鄜延、环庆、泾原路各选三军，训以新定阵法；于陕西四路抽取曾押战队使臣十数人，更授以新议八阵之法，遣往河北阅习诸军。这个建议被采纳了，1045年遣内侍押班任守信往河北路教习阵法。③到命将出征，就以阵图约束诸将，如979年契丹入侵，命李继隆、崔翰、赵延进等将兵八万防御，宋太宗亲授阵图，分为八阵，要不是诸将临时改变阵法，几乎打大败仗。④1070年李复圭守庆州，以阵图授诸将，遇敌战败，复圭急收回阵图，推卸责任，诸将以战败被诛。⑤

在宋代统治者讲求阵法的鼓励下，诸将纷纷创制阵图，如1001年王超援灵州，上二图，其一遇敌即变而为防阵，其一置资粮在军营之外，分列游兵持劲弩，敌至则易聚而并力。⑥1036年洛苑使赵振献阵图。1041年知并州杨偕献龙虎八阵图。青州人赵宇献大衍阵图。1045年右领军卫大将军高志宁上阵图。1051年泾原经略使夏安期上弓箭手阵图，1055年并代钤辖苏安静上八阵图，

---

① 《续资治通鉴长编》卷二六○；沈括：《梦溪笔谈》。
② 《宋史》卷一四○，《兵志》。
③ 《续资治通鉴长编》卷一四九、一五五。
④ 同上，卷二○；（宋）曾公亮：《武经总要·后集三》。
⑤ 《续资治通鉴长编》卷二一四。
⑥ 同上，卷五○。

1074年定州路副都总管、马步军都虞候杨文广献阵图及取幽燕之策。这个杨文广就是宋代名将杨六郎的儿子，也就是为人所熟知的穆柯寨里被俘的青年将领杨宗保。①

在作战时，选拔骁将作排阵使。如976年攻幽州，命田钦祚与郭守文为排阵使，钦祚正生病，得到命令，喜极而死。1002年周莹领高阳关都部署，为三路排阵使。1004年澶渊之役，石保吉、李继隆分为驾前东西都排阵使等等。②

由于皇帝事先所制阵图不可能符合客观实际情况，统军将帅又不敢违背节制，只好机械执行，结果是非打败仗不可。1075年宋神宗和朝廷大臣研究对辽的和战问题，张方平问宋神宗，宋和契丹打了多少次仗，其中打了多少次胜仗，多少次败仗，宋神宗和其他大臣都答不出来。神宗反问张方平，张说："宋与契丹大小八十一战，惟张齐贤太原之战，才一胜耳。"八十一仗败了八十次，虽然失于夸大，但是，大体上败多胜少是没有疑问的。打败仗的原因很多，其中之一是主观主义的皇帝所制阵图的罪过。

相反，不凭阵图，违背皇帝命令的倒可以不打败仗。道理是临机应变，适应客观实际情况。着例如979年满城之战，李继隆、赵延进、崔翰等奉命按阵图分为八阵。军行到满城，和辽军骑兵遭遇，赵延进登高瞭望，敌骑东西两路挺进，连成一片，不见边际。情况已经危急了，崔翰等还在按图布阵，每阵相去百步，把兵力分散了，士卒疑惧，略无斗志。赵延进、李继隆便主张改变

① 《宋史》卷一一八、一三二、一三三、一五七、一七〇、一七九、二五四、二〇七。
② 《续资治通鉴长编》卷二九五，注引陈师道：《谈丛》。

阵势，把原来"星布"的兵力，集中为两阵，前后呼应。崔翰还怕违背节制，万一打败仗，责任更大。赵延进、李继隆拍胸脯保证，如打败仗，由他两人负责。才改变阵势，兵力集中了，士卒忻喜，三战大破敌军。这里应该特别指出，赵延进的老婆是宋太宗尹皇后的妹子，李继隆则是宋太宗李皇后的兄弟，两人都是皇帝亲戚，所以敢于改变阵图，转败为胜。[①]另一例子是1001年威虏军之战。镇、定、高阳关三路都部署，王显奉诏于近边布阵和应援北平控扼之路。但辽军并没有根据宋真宗的"作战部署"行事，这年十月入侵，前锋挺进，突过威虏军，王显只好就地迎击。刚好连日大雨，辽军的弓以皮为弦，雨久潮湿，不堪使用，王显乘之大破敌军。虽然打了胜仗，还是忧悸不堪，以违背诏命，自请处分。宋真宗亲自回信慰问，事情才算结束。[②]

前方将帅只有机械地执行皇帝所发阵图的责任，在不符合实际客观情况下，也无权临机应变，以致造成屡战屡败，丧师辱国的局面，当时的文臣武将是很深切了解这一点的，多次提出反对意见，要求不要再发阵图，给前方统帅以机动作战的权力。例如989年知制诰田锡上疏说："今之御戎，无先于选将帅，既得将帅，请委任责成，不必降以阵图，不须授之方略，自然因机设变，观衅制宜，无不成功，无不破敌矣……况今委任将帅，而每事欲从中降诏，授以方略，或赐以阵图，依从则有未合宜，专断则是违

---

① 《宋史》卷二七一《赵延进传》，卷二五七《李处耘附李继隆传》；《续资治通鉴长编》卷二○；《武经总要·后集三》。

② 《宋史》卷二六八，《王显传》。

上旨，以此制胜，未见其长。"[1]999年，京西转运副使朱台符上疏说："夫将帅者王之爪牙，登坛授钺，出门推毂，阃外之事，将军裁之，所以克敌而制胜也。近代动相牵制，不许便宜。兵以奇胜，而节制以阵图，事惟变适，而指踪以宣命，勇敢无所奋，知谋无所施，是以动而奔北也。"[2]1040年三司使晏殊力请罢内臣监军，不以阵图授诸将，使得应敌为攻守。[3]同时王德用守定州，也向宋仁宗指出真宗时的失策："咸平景德（时）边兵二十余万，皆屯定武，不能分扼要害，故敌得轶境，径犯澶渊。且当时以阵图赐诸将，人皆谨守，不敢自为方略，缓急不相援，多至于败。今愿无赐阵图，第择诸将，使应变出奇，自立异功，则无不济。"[4]话都说得很透彻，但是，都被置之不理，像耳边风一样。其道理也很简单，一句话就是统治者对爪牙的不信任。最好的证据是以下一个例子。992年盐铁使李惟清建议慎擢将帅，以有威名者俾安边塞，庶节费用。宋太宗对他说私话："选用将帅，亦须深体今之几宜……今纵得人，未可便如古委之。此乃机事，卿所未知也。"[5]由此看来，即使将帅得人，也不能像古代那样授权给他们，而必须由皇帝亲自节制，阵图是节制诸将的主要手段，是非要不可的。

王安石和宋神宗曾经几次讨论宋太宗以来的阵图问题，并且比较了宋太祖、太宗兄弟两人的御将之道，说得十分清楚。一次是在1072年八月：

---

[1] 《续资治通鉴长编》卷三〇。
[2] 同上，卷四四。
[3] 《续资治通鉴长编》卷一二六；《欧阳修文集》卷三，《晏公神道碑铭》。
[4] （宋）叶梦得：《石林燕语》卷九。
[5] 《宋史》卷二六七《李惟清传》。

神宗论太宗时用兵，多作大小卷（阵图）付将帅，御其进退，不如太祖。

王安石曰：太祖知将帅情状，故能得其心力。如言郭进反，乃以其人送郭进，此知郭进非反也，故如此。所以如进者皆得自竭也。其后郭进乃为奸人所摧，至自杀。杨业亦为奸人所陷，不得其死。将帅尽力者乃如此，则谁肯为朝廷尽力？此王师所以不复振，非特中御之失而已。

神宗曰：祖宗时从中御将，盖以五代时士卒或外附，故惩其事而从中御。

王安石曰：太祖能使人不敢侮，故人为用，人为用，故虽不中御，而将帅奉令承教无违者，此所以征则强，守则固也。⑥

指出从中御将，颁赐阵图是惩五代之事，是怕士卒叛变，怕将帅割据，指出宋太祖虽不中御，而将帅奉令惟谨。反面的话也就是宋太宗和他以下的统治者，不能使人不敢侮，因之也就越发不放心，只好从中御将，自负胜败之责了。

另一次讨论在第二年十一月：

宋神宗问先朝何以有澶渊之事。

安石曰：太宗为傅潜奏防秋在近，亦未知兵将所在，诏付两卷文字云，兵数尽在其中，候贼如此，即开某卷，如彼，即开某卷。若御将如此，即惟傅潜王超乃肯为将。稍有才略，必不肯于此时为将，坐待败衄也。但任将一事如此，便无以胜敌。⑦

连兵将所在、兵数多少也不知道的前方统帅，只凭皇帝所发

---

⑥ 《续资治通鉴长编》卷二三七。

⑦ 《续资治通鉴长编》卷二四八。

阵图作战。这样的统帅、这样的御将之道，要打胜仗是绝对不可能的。这是宋辽战争中宋所以屡战屡败，不能收复幽燕的原因之一。这也是宋代著名将帅如广大人民所熟知的杨业，所以遭忌战死，狄青做了枢密使以后，被人散布谣言去职忧死的原因。因为这些人都不像傅潜、王超那样，而是有才略、有决断、有经验、有担当的。同时，这一事实也反映了宋代统治阶级内部的深刻矛盾。

炮
古代最早的炮弹，是石头

下象棋的人都知道用炮，炮是用于远距离攻击的。这个"炮"，是用石头当炮弹的。1952年北京修建陶然亭公园时，挖出几个像足球大小的圆石头，也有像大皮球大小的，看来是北宋攻辽时所用的炮弹。

从长武器进一步发展到远距离杀伤武器的炮，人们的手臂又延伸得长一些了。

用石头作炮弹，用木头作炮床，应用杠杆的原理，把石弹抛得远远的，用以攻城，是中古时代最厉害的武器。炮床的形式、种类，公元1044年左右编成的《武经总要》有总结性的纪录。

但是用石炮不始于宋，大体上从公元前五世纪到公元十四五世纪，有两千年左右的历史。

相传公元前五世纪范蠡兵法，飞石重二十斤，为机发行五百步，三国时有发石车，用机鼓轮发石，飞击敌城，可以打到几百步以外^①。隋末李密攻洛阳，以机发石，号将军砲^②。唐太宗围洛阳宫城，用大砲飞石，重五十斤，掷二百步^③。公元645年李勣攻辽东城，用抛车飞三百斤石于一里之外^④。公元956年，周世宗攻寿春，视察水寨，过桥的时候，下马取一石，拿到水寨作砲石，从官也跟着人人搬一块石头^⑤用方舟载砲，从淝水中流攻城^⑥。宋仁宗时侬智高攻广州，把石头琢圆为砲，一发就杀几个人^⑦。宋仁宗很重视这一武器，在京城开封城北，专门修建炮场，亲自检阅练习，又修了一个城西炮场^⑧。公元1126年金人围攻开封，取城外宋军所准备的炮石，立炮架数百攻城，抛掷如雨，宋军中炮死的日不下数十^⑨。刘豫攻大名，用炮车发断碑残础攻城，城上的楼橹都被打坏，守城将士用盾障身，多被碎首^⑩。一直到元朝末年，明徐达围攻苏州，叛将熊天瑞教城中作飞砲，城中的木头石块都用完了，拆祠庙民居为砲具^⑪。明军也用炮攻城，张士诚的兄弟张士信在城楼上督战，被砲石打死^⑫。

炮弹非用石头作不可，但在特殊情况下，也有用冰和泥的，

---

① 《三国志·魏志》卷二九，《杜夔传》注引傅玄记马钧事。
② 《新唐书》卷八四，《李密传》。
③ 《资治通鉴》卷一八八。
④ 《旧唐书》卷一九九上，《高丽传》。
⑤ 《资治通鉴》卷二九三。
⑥ 《新五代史》卷三二，《刘仁瞻传》。
⑦ （宋）司马光：《涑水记闻》卷一三。
⑧ 《续资治通鉴长编》卷一七七。
⑨ （宋）丁特起：《靖康纪闻》。
⑩ 《宋史》卷四四八，《郭永传》。
⑪ （明）吴宽：《平吴录》。
⑫ 《明史》卷一二三，《张士诚传》；（明）刘辰：《国初事迹》。

如公元1004年契丹攻沧州，城中没有砲石，就用冰代炮石拒守[①]攻安州，陈规固守，用泥作砲弹，敌人攻不下，只好走了[②]。

在这一千多年中，炮是军队攻坚的主要武器，但在公元十世纪左右，应用火药的火炮也发明了，以后石炮就逐步为火炮所代替。

① 《续资治通鉴长编》卷五七。
② （宋）陆游：《老学庵笔记》卷五。

明代的火器

明代的火器，改变了战争的方式方法

　　火药从中国传到欧洲、东南亚、日本和世界各地。到十五世纪，中国又从安南（今越南）、葡萄牙、日本等国输入各种用火药制成的火器。

　　明代最早的火器是从安南传来的，叫作神机枪、炮。

　　神机枪、炮用熟铜或生、熟赤铜相间铸造。也有用铁的，最好的是建铁，其次是西铁。大小不等，大的用车发，次和小的用架用桩用托，是当时行军的要器。明成祖非常重视这个新武器，特别组织了一支特种部队，叫神机营，并设监枪太监，是京军三大营之一。

　　永乐十年（1412）下令从开平到怀来、宣府、万全、兴和等山顶，都安放五个炮架，二十年（1422）又增设了山西大同、天城、阳和、朔州等地以御敌①。缺点是临时装火药，一发之复，装

----

① 《明史·兵志》卷九十二。

第二发要很多时间。虽然威力大，敌人摸透了情况，临阵就趴在地下，到神机枪打出之后，立刻冲锋，火器就无从施展威力了。

古代战争是人和人面对面站着打的，有了远距离的火器以后，就非卧倒、趴在地下不可了。武器的攻时也改变了战争的方式方法。同时，在战争中战将和战士的武艺的比重，也逐渐为使用远距离的火器的熟练程序所代替了。

第一个帮助明成祖制造神机枪的是安南人黎澄[①]。

佛郎机即今葡萄牙。公元1517年葡萄牙商船到广东通商，白沙巡检何儒买了他们的炮，就叫这种炮作佛郎机。用铜制造，长五六尺，大的重一千多斤，小的重一百五十斤，巨腹长颈，腹部有长孔，藏子铳五个，装火药在腹中，射程达到一百多丈。

公元1519年宁王宸濠反，福建莆田乡官林俊得到消息，连夜派人用锡作了佛郎机的模型和火药配方，送给统帅王守仁，送到的时候，王守仁已经把宸濠俘虏了，没有用上。[②]到公元1529年才正式制造，叫作大将军，发给各边镇用于防守。[③]

倭寇侵扰中国，又从日本传入鸟嘴铳。唐顺之记其形制说：

佛郎机、子母炮、快枪、鸟嘴铳都是嘉靖时的新武器，鸟嘴铳最后出，也最厉害。铳以铜、铁为管，用木杆装管。中贮铅弹，所击人马洞穿。其点放之法，用手握铳，点燃药线。管背安雌雄两臬（瞄准器），用眼睛对臬，用臬对准所要射击的目标，对准了才发射，要打敌人的眉毛鼻子，没有一失。快于神机枪，准于快枪，是火器

① （明）沈德符：《万历野获编》。
② （明）王守仁：《阳明集要》，《文华集》三，《庚辰书佛郎机遗事》。
③ 《明史·兵志》卷九十二。

中的最好的东西①。

宋应星《天工开物》记鸟铳的制造方法很详细，说鸟雀在三十步内被铳击，羽肉皆碎。五十步外方有完形，百步以外，铳力微弱，便不行了。

到明末，又传入红夷炮，长两丈多，重的到三千斤，能够打穿城墙，声闻数十里。天启元年（1621）兵部建议，招寓居澳门，精于火炮的西洋人罗如望、阳玛诺、龙华民来内地制造铳炮。制成后命名为大将军，并派官祭炮。1630年又派龙华民、毕方济到澳门买炮和招募炮手，西洋人陆若汉、公沙的西劳带领西洋人多名带铳炮应募，参加宁远、涿州等战役②。1626年，明将袁崇焕守宁远，和清军作战，用红夷炮轰击敌人，打了一个大胜仗，就是著名的宁锦大捷。传说清太祖努尔哈赤就是被红夷炮打伤致死的。1631年，明将孔有德带着红夷炮投降清军，1632年，清也开始造炮。

现在陈列在北京故宫午门左右阙门的几尊古老的大炮，就是明清战争的遗物。

---

① （明）唐顺之：《荆川外集》卷二，《条陈蓟镇练兵事宜》。
② 《明史·兵志》卷九十二；（清）黄伯禄：《正教奉褒》。

明代军与兵

当兵也要世袭，一人为军世代为军

　　明初创卫所制度，划出一部分人为军，分配在各卫所，专负保卫边疆和镇压地方的责任。军和民完全分开。中叶以后，卫军废弛，又募民为兵，军和兵成为平行的两种制度。

　　军是一种特殊的制度，自有军籍。在明代户口中，军籍和民籍、匠籍平行；军籍属于都督府，民籍属于户部，匠籍属于工部。军不受普通行政官吏的管辖，在身份、法律和经济上的地位都和民不同。军和民是截然地分开的。兵恰好相反，任何人都可应募，在户籍上也无特殊的区别。军是世袭的、家族的、固定的，一经为军，他的一家系便永远世代充军，住在被指定的卫所。直系壮丁死亡或老病，便须由次丁或余丁替补。如在卫所的一家系已全部死亡，还须到原籍勾族人顶充。兵则只是本身自愿充当，和家族及子孙无关，也无固定的驻地，投充和退伍都无法律的强制。军是国家经制的永久的组织，有一定的额数、一定的戍地。兵则是临时招募的、非经制的，无一定的额数，也不永远屯驻在同一地点。

在明代初期，军费基本上是自给自足的，军饷的大部分由军的屯田收入支给。在国家财政的收支上，军费的补助数量不大。虽然全国的额设卫军总数达到二百七十余万的庞大数字，国家财政收支还能保持平衡。遇有边方屯田的收入不敷支给时，由政府制定"开中"的办法，让商人到边塞去开垦，用垦出的谷物来换政府所专利的盐引，取得买盐和卖盐的权利。商人和边军双方都得到好处。

兵是因特殊情势，临时招募的。招募时的费用和入伍后的月饷都是额外的支出。这种种费用原来没有列在国家预算上，只好临时设法，或加赋，或加税，或捐纳，大部由农民负担。因之兵的额数愈多，农民的负担便愈重。兵费重到超过农民的负担能力时，政府的勒索和官吏的剥削引起农民的武装反抗。政府要镇压农民，又只好增兵，这一笔费用还是出在农民身上。

卫所军经过长期的废弛而日趋崩溃，军屯和商屯的制度也日渐破坏，渐渐地不能自给，需要由国家财政开支。愈到后来，各方面的情形愈加变坏，需要国家的财政供给也愈多。这费用也同样地需由农民负担。同时又因为军力的损耗，国防脆弱，更容易引起外来的侵略。卫军不能作战，需要募兵的数量愈多。这两层新负担，年复一年的递加，国家全部的收入不够军兵费的一半，只好竭泽而渔，任意地无止境地增加农民的负担，终于引起历史上空前的农民暴动。政府正在用全力去镇压，新兴的建州却又乘机而入，在内外交逼的情势下，颠覆了明室的统治权。

除中央的军和兵以外，在地方的有民兵、民壮（弓兵、机兵、快手）、义勇种种地方警备兵。在边地的有土兵（土军）、达军（蒙古降卒）。在内地的有苗兵、狼兵（广西土司兵）、土兵等土司兵。将帅私人又有家丁、家兵、亲兵。各地职业团体又有由矿工所组织的矿兵，盐丁所组织的盐兵，僧徒所组织的少林兵、伏牛兵、五台兵。也有以特别技艺成兵的，如河南之毛葫芦兵、习短兵，长于走山；山东有长竿手，徐州有箭手，井陉有蚂螂手，善运石，远可及百步；福建闽漳泉之镖牌兵等等。

从养军三百万基本上自给的卫兵制，到军兵费完全由农民负担，国库支出；从有定额的卫军，到无定额的募兵；从世袭的卫军，到雇用的募兵，这是明代历史上一件大事。

次之，军因历史的、地理的、经济的关系，集中地隶属于国家。在战时，才由政府派出统帅总兵，调各卫军出征。一到战事终了，统帅立刻被召回，所属军也各归原卫。军权不属于私人，将帅也无直属的部队。兵则由将帅私人所招募、训练，和国家的关系是间接的。兵费不在政府的岁出预算中，往往需由长官向政府力争，始能得到。同时兵是一种职业，在中央权重的时候，将帅虽有私兵，如嘉靖时戚继光之戚家军、俞大猷之俞家军，都还不能不听命于中央。到明朝末年，民穷财尽，内外交逼，在非常危逼的局面下，需要增加庞大的兵力，将帅到处募兵，兵饷都由将帅自行筹措，发生分地分饷的弊端，兵皆私兵，将皆藩镇，兵就成为扩充将帅个人权力和地位的工具了。

第四章

古人的日常生活

宋元以来老百姓的称呼

古代平民取名真相：大多数人根本没名字

旧戏上小生的道白，常有学名什么，官名什么，足见在封建社会里学生上学起学名，一旦作了官又有官名。那末，没上学，没作官以前，平常老百姓叫什么呢？戏文上凡是旅店里的服务员，一律都叫作店小二。至于一般人，因为史书上很少记载老百姓的事情，多年来也只好阙疑了。

求之正史不得，只好读杂书，读了些年杂书，这个疑算是解决了。原来阶级的烙印连老百姓起名字的权利也不曾放过，在古代封建社会里，平民百姓没有功名的，是既没有学名，也没有官名的。怎么称呼呢？用行辈或者父母年龄合算一个数目作为一个符号。何以见得？清俞樾《春在堂随笔》卷五说：

徐诚庵见德清蔡氏家谱有前辈书小字一行云：元制庶人无职者不许取名，而以行第及父母年龄合计为名，此于元史无征。然证以高皇帝（明太祖）所称其兄之名，正是如此，其为元时令甲无疑矣。现在绍兴乡间颇有以数目字为名者，如夫年二十四，妇年二十二，合为四十六，生子即名四六。夫年二十三，妇年二十二，合为四十五，生子或为五九，五九四十五也。

俞樾又引申徐诚庵之说，指出明初常遇春的曾祖四三、祖重五、父六六。汤和曾祖五一、祖六一、父七一，亦以数目字为名。他又引宋洪迈《夷坚志》所载宋时杂事，有兴国军民熊二、鄱阳城民刘十二、南城田夫周三、鄱阳小民隗六、符离人从四、楚州山阳县渔者尹二、解州安邑池西乡民梁小二、临川人董小七、徽州婺源民张四、黄州市民李十六、仆崔三、鄱阳乡民郑小五、金华孝顺镇农民陈二等等。根据这些例子分析，其一，这些人都是平常百姓，其二，地区包括现在的安徽、浙江、江西、山西、湖北等地，其三，称呼都以排行数字计算，因此，下的结论是"疑宋时里巷细民，固无名也"。

其实，宋代平民姓名见于《清明集·户婚门》的很多，如沈亿六秀、徐宗五秀、金百二秀，黎六九秀之类。明太祖的父亲叫五四，名世珍，二哥重六名兴盛，三哥重七名兴祖，明太祖原来也叫重八，名兴宗，见潘柽章《国史考异》引《承休端惠王统宗绳蛰录》，可见明太祖一家原来都以数字命名的。至于世珍兴宗这一类学名官名性质的名字，大概都是明太祖爬上统治阶级以后所追起的。

明初安徽地区的平民如此，江苏也是如此。例如张士诚原名九四，黄溥《闲中今古录》说："有人告诉朱元璋，张士诚一辈子宠待文人，却上了文人的当。他原名九四，作了王爷后，要起一个官名，有人替他起名士诚。朱元璋说：'好啊，这名字不错。'那人说：'不然，上大当了。'孟子上有：'士，诚小人也。'这句话也可以读作：'士诚，小人也。'骂张士诚是小人，给人叫了半辈子小人，到死还不明白，真是可怜。"可见张士诚的名字也是后来起的。

不只是宋、元，明初以及清朝后期的绍兴，甚至到清朝末年以至民国初年，绍兴地方还保留着这个阶级烙印的传统，不信吗？有鲁迅先生的著作为证。他在《社戏》一文中所列举的人名就有八公公、六一公公之类，在另一篇中还有九斤老太呢。

上面讲到宋朝的人名下面有带着秀字的，秀也是宋元以来的民间称呼，是表示身份地位的。明初南京有沈万三秀，是个大财主，让明太祖看中了，被没收家财，还充军到云南。秀之外又有郎，王应奎《柳南随笔》卷五说："江阴汤廷尉公余日录云：明初闾里称呼有二等，一曰秀，一曰郎。秀则故家右族，颖出之人，郎则微裔末流，群小之辈。称秀则曰某几秀，称郎则曰某几郎，人自分定，不相逾越。"可见从宋到明，官僚贵族子弟称秀，市井平民则只能称郎，是不能乱叫的。沈万三称秀是因为有钱。另一个例子，送坟地给朱元璋的那个刘大秀则是官僚子弟，光绪《凤阳县志》卷十二："刘继祖父学老，仕元为总管。"继祖排行第一，所以叫作大秀。

这样，也就懂得戏文里演的民间故事，男人叫作什么郎的道理了。也就难怪卖油郎独占花魁这个故事，秦小官卖油，就叫作卖油郎的来由了。还有，明清两代社会上有一句话"不郎不秀"，是骂人不成材，高不成低不就的意思，一直到现代，还有些地区保留这句话，却很少人懂得原来的含义了。

从以上一些杂书，可以看出，宋元明以来的平民称呼情况，这类称呼算不算名字呢？不算。也有书可证。明太祖出家时得到过汪刘两家人的帮助。作了皇帝后他封这两家人作官，还送给这两家青年时代的朋友两个名字，《明太祖文集》卷五赐汪文、刘英敕："今汪姓刘姓者见勤农于乡里，其人尚未立名，特赐之以名曰文，曰英。"汪文刘英的年龄假定和明太祖相去不远，公元1344年约年十七八岁，那末，到洪武初年已经四十多岁了，还没有名字。其道理是作了一辈子农民。可见他们原来的无论行辈或者合计父母年龄的数字符号都不能算名字，没有上过学，没有作过官，也就一辈子作个无名之人。这两个人因为和皇帝有交情，作了署令史官，作官应该有官名，像个官样子，圣旨赐名，才破例有了名字。

这也就难怪正史上从来不讲这个事情的道理了。不但"元史无征"，什么史也是无征的道理了。

古人的坐跪拜

古人为啥动不动就跪？还得从坐姿说起

　　年轻时候看旧戏，老百姓见官得跪着，小官见大官得跪着，大官见皇帝也得跪着，跪之不足，有时还得拜上几拜，心里好生纳罕，好像人们长着膝盖就是为着跪、拜似的，为什么会有这种礼节呢？

　　后来读了些书，证明戏台上的跪、拜，确是反映了古代人们的生活礼节。例如清末大学士瞿鸿禨的日记上，就记载着清朝的宰相们和皇帝、皇太后谈话的时候，都一溜子跪在地上，他们大多数人都年纪大了，听觉不好，跪在后边的听不清楚皇帝说的什么，就只好推推前边跪的人，问到底说的是什么。有的笔记还记着这些年老的大官，怕跪久了支持不住，特地在裤子中间加衬一些东西，名为护膝。而且，不只是宫廷、官府如此，民间也是这样的，如蔡邕《饮马长城窟行》："长跪读素书，书中竟何如？"古诗："上山采蘼芜，下山逢故夫。长跪问故夫，新人复何如？"《后汉书·梁鸿传》说，孟光嫁给梁鸿，带了许多嫁妆，过门七天，梁鸿不跟她说话，孟光就跪在床下请罪。《孔雀东南飞》："府吏长跪告，伏维启阿母。"可见妇女对男子、儿子对母亲也是有长跪的礼节的。

这到底是什么缘故呢？

原来古代人是席地而坐的，那时候没有椅子、桌子之类的家具，不管人们在社会上地位的高低，都只能在地上铺一条席子，坐在地上。例如汉文帝和贾谊谈话，谈到夜半，谈得很投机，文帝不觉前席，坐得靠近贾谊一些，听取他的意见。至于三国时代管宁和华歆因为志趣不同，割席的故事，更是尽人皆知，不必细说了。正因为人们日常生活、学习也罢，工作也罢，都是坐在地上的，所以跪、拜就成为表示礼节的方式了。宋朝朱熹对坐、跪、拜之间的关系，有很好的说明。他说：

古人坐着的时候，两膝着地，脚掌朝上，身子坐在脚掌上，就像现在的胡跪。要和人打招呼——肃拜，就拱两手到地：顿首呢，是把头顿于手上；稽首则不用手，而以头着地，像现在的礼拜，这些礼节都是因为跪坐着而表示恭敬的。至于跪和坐又有小小不同处：跪是膝着地，伸腰及股，坐呢？膝着地，以臀着脚掌，跪有危义，坐则稍安。①

从朱子这篇文章看来，宋朝人已经弄不清跪、坐、拜的由来了，所以朱熹得作这番考证。

有人不免提出疑问，人们都坐在地上，又怎么能工作和吃饭呢？这也不必担心，古人想出了办法，制造了一种小案，放在席

---

① （宋）朱熹：《朱文公文集》卷六十八，《跪坐拜说》。

上，可用以写字、吃饭。梁鸿和孟光夫妻相敬如宾，吃饭的时候，孟光一切准备好了，举案齐眉。把案举高到齐眉毛，这个案是很小很轻的，要不然，像今天一般桌子那样大小，孟光就非是个大力士不可。

因为古代人们都是坐在地上的，所以就得讲清洁卫生，要不然，一地的灰尘，成天坐着，弄得很脏，成何体统？

到了汉朝后期，北方少数民族的一种家具——胡床，传进来了，行军时使用非常方便，曹操就曾坐在胡床上指挥作战。后来从胡床一变而为家庭使用的椅子，椅子高了，就得有较高的桌子，从此人们就离开了席子，不再席地坐，改为坐椅子、凳子了。家庭也罢，机关也罢，内部的陈设也随之而改变了。

人们的生活环境起了很大的变化，但是，根据席地而坐滋生的礼节，跪和拜却仍旧习惯地继承下来，坐和跪拜分了家，以此，跪和拜也就失去了原来生活上的意义，单纯地成为表示敬意和等级差别的礼节了。

由此看来，不是我们的祖先喜爱跪拜，而是由生活方式、物质条件决定的。辛亥革命以后，不止革了皇帝的命，也革了跪、拜的命，不是很好的说明吗？

从幞头说起

古代头巾有几种？傻傻数不清

人们自从脱离了原始、野蛮状态，物质生活不断提高，有了文化以后，没有例外，都要穿衣戴帽，这是常识，用不着多说的。但是，应该而且必须注意，随着时代的改变，生活习惯的改变，封建等级制度的建立，人们的服装是具有时代的特征的，不同时代的人们有着不同的服装，不同的民族也有不同的服装，服装是适应人们生活、工作的需要而不断改变的。

演出古代历史故事的话剧、电影，历史博物馆里的历史图画和历史人物画像，和以插图为主的历史连环画，附有插图的历史小丛书以及古代人物的塑像，等等，都牵涉到古代人物的服装问题，把时代界限混淆了、颠倒了，把不同历史时期的服装一般化了，都会使观众有不真实的感觉，效果是不会很好的。

京戏和昆剧的戏装大体分成两类，一类是清朝的，马褂、补服、马蹄袖、红缨帽等等，表现了满族服装的特征。除此以外，清朝以前的服装则一概是汉人服装，官员戴纱帽，穿红、蓝袍，宽衣大袖；农民则一般都是穿短衣服，戴笠或小帽；武将戴盔扎靠，这是符合于一般情况的。问题是这种服装把整个清朝以前的历史时期一般化了，不管什么时代的人物，都穿一样的服装。当然，观众也能够理解，这两个剧种的古代服装只能一般化，假如要求它们按每个不同时代的历史，分别制成不同时代的服装，这是不可能的，不合实际的。但是，也还有一个界限，那便是满汉的服装不容混淆，假如让汉、唐、宋、明的人物穿上清朝的服装，那就会哄堂而散，唱不成戏。

话剧、电影等等对服装的要求就要比京戏和昆剧严格些，因为话剧、电影并不像京剧、昆剧那样有固定的服装，而是随故事需要特制的，既然是为了表现历史真实性而特制，那就不可以一般化，或者颠倒时代了。至于历史人物的图画、雕塑等等，根本无需制造服装的费用，标准自然更应该严格一些了。

话剧、电影、历史图画等等的历史人物的服装，必须能够表现某个特定历史时期的特征，这个要求是合理的，不应该有不同意见的。但是，在具体工作中，由于对某个时代的了解不够深，服装的发展、变化缺少研究，也往往出现一些一般化以至颠倒时代的现象。

有关服装的问题很多，不能都谈，这里只举幞头作例。

幞头就是帕头，古代汉人留着长头发，为着生活和工作的方便，用一块黑纱或帛、罗、缯等等裹住头，不让头发露在外面，正像现在河北农民用一块白毛巾包头一样，是上上下下都通行的一种生活习惯。也叫作巾或幅巾或折上巾的。裹头时裹得方方正正，四面有角。到南北朝时，周武帝为了便于打仗，把裹头的方法改进了，用皂纱全幅，向后束发，把纱的四角裁直，叫作幞头。看来有点像现在京戏里太平军的装束。

唐太宗制进德冠，赐给贵臣，并且说：幞头起于周武帝，是为了军中生活的方便的。现在天下太平，用不着打仗了，这个帽子有古代风格，也有点像幞头，可以常用。可是进德冠似乎并不受欢迎，当时人还是用幞头，大臣马周还加以改革，用罗代绢，式样也有所改变，百官和庶民都喜欢戴它。武则天时赐给臣下巾子，叫作"武家样"，又有高头巾子。唐玄宗时有"内样巾子"。裴冕自制巾子，名为"仆射巾"。这些幞头都是软的，太监鱼朝恩作观军容使，嫌软的不方便，斫木作一山（架）子在前衬起，叫作军容头，一时人都学他的样子。

幞头四角有脚，两脚向前，两脚向后。唐朝中期以后，皇帝们弄两根铁线，把前两脚拉平，稍向上曲，成为硬脚，从此，这种样式的幞头，就成为皇帝的专用品，一般官员和平民都不许服用了。宋朝朱熹所见唐玄宗画像，戴的幞头两脚还很短，后来便越来越长了。唐朝末年，在农民大起义的斗争浪潮中，宦官宫娥来不及每天对镜装裹，想出简便的法子，用薄木片作架子，纸绢作衬里，做成固定的幞头，随时可以戴上。五代时帝王多用"朝天幞头"，两脚上翘。各地方军阀称王称帝的也多自创格式，有的两脚翘上又反折于下，有的做成团扇、蕉叶模样，合抱于前。蜀孟昶改用漆纱，湖南马希范的幞头两脚左右长一丈多，叫作龙角，刘知远作军官时，幞头脚左右长一尺多，一字横直，不再上翘，以后的幞头，就以此为规格，变化不大了。

幞头唐末用木胎，到宋朝改用藤织草巾子为里，用纱蒙上，再涂以漆。后来把藤里去了,只用漆纱,用铁平施两脚,便越发轻便了。据沈括的记录,当时幞头分直脚、局脚、交脚、朝天、顺风五种,其中直脚(也叫平脚)一种是贵贱通用的。幞头的脚不管平、交,都是向前的,到北宋末年,又改而向后。到明朝初年,幞头有展脚(即平脚)、交脚两种,成为官员公服所必需的一项东西了。

幞头的出现,是由于现实生活的需要。宋儒胡寅叙述幞头的历史意义说:从周武帝开始用纱幞,成为后代巾、帻、朝冠的起源。古代宾礼、祭礼、丧礼、燕会、行军所戴的帽子各有不同,纱幞一出来,这些帽子便都废了。从用纱到加漆,两带上结,两带后垂,后来又把垂的两带左右横竖,顶则起后平前,变化越来越多了。朱熹也曾和他的学生讨论过幞头的历史发展,并说漆纱是宋仁宗时候开始的。明李时珍则以为幞头是朝服(官员的制服),周武帝始用漆纱制造,到唐朝改成纱帽,一直沿用到明朝。他把幞头和纱帽看成一样东西,从《图书集成》的插画幞头公服,展脚幞头,交脚幞头,乌纱帽对比看来,确是一个系统,李时珍的话是可信的。

幞头的历史发展,从北周到明这一长时间的历史时期,变化是很多的。假如不问青红皂白,颠倒前后,让南北朝以前,周秦两汉魏晋的人们戴上平脚幞头,能够不说是历史错误吗?或者把唐代后期帝王专用的直脚上翘的幞头,混淆为官僚庶民通用,那也是不可以的。

无论历史戏剧、图画、雕塑,当然,最主要的是内容要反映历史时期的真实性,但形式也不可以不讲究,因为内容尽管符合于客观历史实际，但是形式的表现却是虚构的、以后拟前的、一般化的，违背历史实际的，就会收到不好的效果，这一点我看戏剧家们、艺术家们、雕塑家们是必须注意的。

关于古代服装的记载是很多的，流传到今天的古代的人物画、壁画、墓葬壁画、砖画也很不少。组织人力，从事于古代服装发展、变化的研究，进一步建立服装博物馆，用穿着各个历史时期不同的服装的蜡人表演历史故事，对广大人民进行历史教育；为历史话剧、历史电影、历史图画的创作提供参考资料，也为吸取古代优美的文化传统，改进、美化今天人民的服装，提供历史基础，我看是值得做的一件好事。

古代的服装及其他

古代服饰有讲究，穿错可能被杀头

在封建社会里，也和今天一样，人人都要穿衣裳。但是，有一点不同，衣裳的质料、颜色、花饰有极大讲究，不能随便穿，违反了制度，就会杀头，甚至一家子都得陪着死。原来那时候，衣裳也是表示阶级身份的。

以质料而论，绸、缎、锦、绣、绡、绮等都是统治阶级专用的，平民百姓只能穿布衣。以此，"布衣"就成为平民百姓的代名词了，有些朝代还特地规定，做买卖的有钱人，即使买得起，也禁止着用这些材料。

以颜色而论，大红、鹅黄、紫、绿等染料国内产量少，得从南洋等地进口，价格很贵。数量少，价钱贵，色彩好看，这样，连色彩也被统治阶级专利了。皇帝穿黄袍，最高级的官员穿大红、大紫，以下的官员穿绿，皂隶穿黑。至于平民百姓，就只好穿白了，以此，"白衣"也成为平民百姓的代名词。

至于花饰，在袍子上刺绣或者织成龙、凤、狮子、麒麟、蟒、仙鹤、各种各样的鸟等，也是按贵族、官僚的地位和等级分别规定的。平民百姓连绣一条小虫儿小鱼儿也不行，更不用说描龙画凤了。不但如此，在统治阶级内部，也有极大讲究，例如龙袍，只有皇帝才能穿，绣着凤的服装，只有皇后才配穿，即便是最大的官僚如穿这样的服装，就犯"僭用""大逆不道"的罪恶，非死不可。

北宋时有一个大官僚，很能办事，也得到皇帝信任。有一次多喝了一点酒，不检点穿件黄衣服，被人看见告发，几乎闯了大祸。

明太祖杀了很多功臣，其中有几个战功很大的，被处死的罪状之一是僭用龙凤服饰。

本来，贵族、官僚和平民都一样长着眼睛鼻子，一样黄脸皮、黑头发，一眼看去，如何能分出贵贱来？唯一区别的办法是用衣裳的质料、色彩、花饰，构成等级地位的标识；特别是花饰，官员一般在官服的前胸绣上动物图案，文官用鸟，武官用兽，其中又按品级分别规定哪一级用什么鸟什么兽，是一点也不能含糊的。这样，不用看面貌，一看衣裳的颜色和花饰就知道是什么地位的贵族、什么等级的官员了。当然，衬配着衣裳的还有帽子、靴子，例如皇帝的平天冠，皇后和贵族妇女的凤冠，官员的纱帽、朝靴，以及身上佩带的紫金鱼袋或者帽上的翎毛，坐的车饰，轿子的装饰和抬轿的人数和住的房子的高度，间数多少，用什么瓦之类等等。

在北京，许多旧建筑，主要是故宫，不是都盖的是黄琉璃瓦吗？这种房子只有皇帝才能住，再不，就是死去的皇帝，例如帝王庙。神佛也被优待，像北海的天王殿也用琉璃瓦，不过是杂色的。

为了确保专用的权利，历代史书上都有舆服志这一类的专门记录，在法律上也有专门的条款。

各个阶级的人们规定穿用不同的服装、住不同的房子、使用不同的交通工具，绝对不许乱用。遵守规定的叫合于礼制，反之就是犯法。合于礼制的意思，就是维护封建秩序。但是，也有例外，例如在统治阶级控制力量削弱的时候，富商大贾突破规定，乱穿衣裳，模仿宫廷和官僚家庭打扮，或者索性拿钱买官爵，穿着品官服装，招摇过市。至于农民起义爆发后，起义的人们根本不管这一套，爱穿什么就穿什么，那就更不用说了。

今天这些都已经成为历史上的陈迹了。宫殿、王府、大官僚的邸第还可以看到，只是已经变了性质，例如故宫和天王殿都成为博物馆，帝王庙办了中学，成为人民大众游览和学习的场所了。至于服装，除了在博物馆可以看到一些以外，人们还可在舞台上看到。

谈烟草

古人抽烟也疯狂，男女老少无不抽烟

几个月前，和夏衍同志在一起闲谈，谈到烟草的传布历史，他把我的说法写在《花木瓜果之类》文章中，发表在《新观察》上。这几天我又查了过去所写的文章，看了一些书，恰好相反，那天我记错了，把话说倒了，烟草不是从广州传到朝鲜、日本，而是由日本传到朝鲜，又传入我国东北的；另一路则从菲律宾传到福建、广东，又从闽广传到北方；第三条是由南洋输入广东。

看来，对烟草传入历史有兴趣的人并不少。而且，那次说拧了，也应该更正。写《谈烟草》。

几十年前，美国有一个人叫洛弗，写了一本关于烟草的小册子，讲烟草输入亚洲各地的情形。据他的研究，日本在1615五年（明万历四十三年）曾经下令禁止吸烟，焚毁烟叶，拔去未获的烟草。至于烟草的输入日本，开始种植，大约是1605年左右的事。第一次带烟叶到日本来的是葡萄牙人，葡萄牙人在日本记载上叫作南蛮，时间在十六世纪末年。不过几年，长崎便有人经营烟草种植，吸烟的习惯很快地就传播到各处，尽管有禁令，人们还是爱吸。日本人所用淡芭菰这个字，就是从葡萄牙文Tobaco来的。

在中国方面，最初传入烟草的是十七世纪初年的福建水手，他们从吕宋带回来烟草的种子，再从福建南传到广东，北传到江浙。明末名医张介宾（景岳）在他的著作中，第一次提到烟草的历史和故事。他说："烟草自古未闻。近自我明万历（1573—1620）时，出于闽广之间，自后吴、楚地土皆种植之，总不若闽中者色微黄质细，名为金丝烟者，力强气胜为优。求其服食之始，则闻以征滇之役，师旅深入瘴地，无不染病，独一营安然无恙，问其故，则众皆服烟。由是遍传，今则西南一方，无分老幼，朝夕不能间矣。"1638年（明思宗崇祯十一年）和1641年都曾有诏谕禁止吸烟和种烟，但是不管事。到崇祯末年已经弄到"三尺之童，无不吸烟"的地步了。

在朝鲜，据荷兰水手汉末尔1688年的报告，远在五、六十年前，朝鲜已经从日本输入烟草和种植的方法了。他们以为这种种子来自南蛮国，名之为南蛮草。在汉末尔被俘居留在朝鲜的时候，朝鲜人已经有了吸烟的嗜好。朝鲜烟草最为中国人所爱好，两年一次的朝鲜使臣到北京来，在礼物中就有烟草一项。

烟草传到东方的路线有三条：第一条由墨西哥到菲律宾，到中国台湾，再到内地，第二条由葡萄牙人传到印度、印度尼西亚和日本，第三条俄国人到了西伯利亚，学会了吸烟和种烟的方法。

洛弗的著作是泛论亚洲的烟草传布的。至于烟草在我国国内传布情况，材料也很多。

明人著作中除张介宾的《景岳全书》外，提到烟草的历史的有方以智的《物理小识》卷九记："万历末，有携淡把姑至漳泉者，马氏造之曰淡肉果，渐传至九边，皆衔长管而火点吞吐之，有醉仆者。崇祯时严禁之不止。其本似春不老而叶大于菜，曝干以火酒炒曰金丝烟，北人呼为淡把姑，或呼担不归。其性可以祛湿发散，然服久则肺焦，诸药多不效，其症为吐黄水而死。"说得很怕人。漳泉的烟草来自台湾，《台湾府志·土产门》："淡芭菰冬种春收，晒而切之，以筒烧吸，能醉人。原产湾地，明季漳人取种回栽，今名为烟，达天下矣。"台湾的烟草又来自菲律宾，姚旅《露书》："吕宋国有草名淡芭菰，一名金丝烟，烟气从管中入喉，能令人醉，亦辟瘴气，可治头虱。"也可以杀农业害虫，朱仕琇《海东剩语》说："台田苗生虫，每卜种以烟梗附其下，虫患乃息。"赵翼《陔余丛考》卷三十三烟草条："王阮亭引姚旅《露书》……初漳州人自海外携来，莆田亦种之，反多于吕宋矣。然唐诗云相思若烟草，似唐时已有服之者。据王肱枕《蚓庵琐语》，谓烟叶出闽中，边上人寒疾，非此不治，关外至以一马易一斤。崇祯中下令禁之，民间私种者问徒，利重法轻，民冒禁如故。寻下令犯者皆斩，然不久因军中病寒不治，遂弛其禁。予儿时尚不识烟为何物，崇祯末三尺童子莫不吃烟矣。据此则烟草自崇祯末乃盛行也。"杨士聪《玉堂荟记》说崇祯十二年（1639）定例，吃烟者死。洪承畴请开其禁，初以吃烟声似吃燕，故恶之。原来还有忌讳在里头呢。《寒夜丛谈》也说："烟草产自闽中，……崇祯初重法禁之不止，末年遂遍地种矣。余儿时见食此者尚少，迨二十年后，男女老少，无不手一管，腰一囊。"董含大概是不抽烟的，他在《三冈识略》里讲到抽烟："明季服烟有禁，惟闽人幼而习之，他处百无一二也。近日宾主相见，以此鸣敬，俛仰涕唾，恶态毕具。始则城市服之，已而及乡村矣。始犹男子服之，既则偏闺阁矣。习俗易人，真有不知其然而然者。"连烟管也有讲究，张向安《亥自集》竹枝词："淡芭菰好解愁能，幽怨传来吕宋曾，一种湘筠和泪色，土花斑驳上洋藤。"原注烟草始于吕宋国，近洋中有藤，花纹斑驳，以制烟筒极精。这是清朝嘉庆时期的事情了。这样，从菲律宾到我国台湾，到漳、泉，再传到北方九边，这是烟草传入我国的第一条路线。

第二条路线是由南洋输入广东，据《粤志》："粤中有仁草，一曰八角草，一曰金丝烟，治验亦多。其性辛散，食其气，令人醉。一曰烟酒，其种得之大西洋。一名淡巴菰，相思草，闽产者佳。"一说由越南传入，广东《高要县志》："烟叶出自交趾，今所在有之，茎高三四尺，叶多细毛，采叶晒干如金丝色，性最酷烈，取一二厘于竹管内以口吸之，口鼻出烟，服之以御风湿，独取一时爽快，然久服面目俱黄，肺枯声干，未有不殒身者，愚民相率服习，如蛾赴火，诚不可不严戢之也。"杨士聪《玉堂荟记》说："烟自天启末（1620—1627）调广兵，乃渐有之。"可见也是由部队带到北方去的。

第三条路线是由辽东传入，从日本到朝鲜到辽东。朝鲜人称烟草为南蛮草，又名南草。万历四十四、五年间（1616—1617）由日本输入朝鲜。天启辛酉、壬戌（1621—1622）以后，朝鲜吸烟的人很多。由商人输入沈阳，清太宗以其非土产，下令禁止。朝鲜《李朝仁祖实录》记，1637年（明崇祯十年，清崇德二年），朝鲜政府以南草作礼物赠与建州官员云："丁丑七月辛巳，户曹启曰，世子蒙尘于异域，彼人来往馆所者不绝，而行中无可赠之物，请送南草三百余斤。从之。"世子即昭显世子，因三田渡之盟作质于建州，彼人指建州官员。可是第二年即被建州禁止，《李朝仁祖实录》："戊寅（1638）八月甲午，我国人潜以南灵草入送沈阳，为清将所觉，大肆诘责。南灵草，日本国所产之草也，其叶大者可七八寸许，细截之而盛之竹筒，或以银锡作筒，火以吸之，味辛烈，谓之治痰消食，而久服往往伤肝气，令人目翳。此草自丙辰、丁巳间（1616—1617）越海来，人有服之者而不至于盛行。辛酉、壬戌（1621—1622）以来，无人不服，对客辄代茶饮，或谓之烟茶，或谓之烟酒。至种采相交易。久服者知其有害无利，欲罢而终不能焉。世称妖草。转入沈阳，沈人亦甚嗜之。而胡汗（指清太宗）以为非土产，耗财货，下令大禁云。"次年，朝鲜派往沈阳的使节即以夹带南草被凤凰城人所发觉，为宪司所劾罢职。同书又记："庚辰（1640）四月庚午，宾客李行远驰启曰：清国南草之禁，近来尤重，朝廷事目，亦极严峻。而见利忘生，百计潜藏，以致辱国。请今后犯禁者一斤以上先斩后闻，未满一斤者，囚禁义州，从重科罪。从之。"两国都用重刑禁止输入和走私，甚至处走私的以死刑，可是，吸烟已成建州贵族的迫切需要，无论如何也禁止不了。同书记："丙戌（1646）五月辛巳，冬至使李基祚至北京，驰启曰：龙将（英俄尔岱）密言于李叱石曰：今番减米乃九王之力，九王喜吸南草，又欲得良鹰，南草良鹰，并可入送，以致谢意云。"九王即当时的摄政王多尔衮。把以上的史料和荷兰水手汉末尔的报告对比，是完全符合的。而且南草也确是日本名词，《言泉》，"南草，淡芭菰之异称也"，可证。上引《李朝仁祖实录》中的南灵草，大概就是南蛮草，灵蛮字形相近，抄本是很容易抄错的。

在中国方面，和朝鲜接壤的是辽河以东新兴的后金。（1636年后改称清，本文称未入关前为建州，未改国号前为后金，入关后为清）。明人禁烟上文已经讲过了，后金的禁烟则见于《东华录》："天聪八年（1634），上谓贝勒萨哈廉曰：闻有不遵烟禁，犹自擅用者。对曰：臣父大贝勒曾言，所以禁众人，不禁诸贝勒者，或以我用烟故耳。若欲禁止用烟，当自臣等始。上曰：不然，诸贝勒虽用，小民岂可效之，民间食用诸物，朕何尝加禁耶！又谓固山额真那木泰曰：尔等诸臣在衙门禁止人用烟，至家又私用之，以此推之，凡事俱不可信矣。朕所以禁用烟者，或有穷乏之家，其仆从皆穷乏无衣，犹买烟自用，故禁之耳。不当禁而禁，汝等自当直谏，若以为当禁，汝等何不痛革！不然，外廷私议禁约之非，是以臣谤君，子谤父也。"《皇朝文献通考·刑考》也记，崇德三年（1638）严出境货买烟草之禁。从这一段记载，我们知道：第一，后金之禁烟，在1634年之前，比朝鲜的记载早四年。第二，当时的贵族，王公贝勒大臣中有不少人都抽烟，除九王以外，大贝勒代善也有烟瘾。第三，后金禁烟的对象是老百姓，不禁贵族。由于禁下不禁上，禁令没有什么效果，贵族大臣们有意见。第四，后金之禁烟目的是为了非土产，耗财货。这一点除了已见上引的朝鲜记载以外，还在1641年的烟草解禁令中明白指出，据《东华录》："崇德六年（1641）二月戊申，谕户部曰：前定禁烟之令，其种者用者，屡行申饬。近见大臣等犹然用之，以致小民效尤不止。故行开禁，凡欲用烟者，惟许人自种而用之，若出边货买者处死。"烟禁的开放，只限于自种自用，至于从国外走私输入的，仍然要杀头，和上引朝鲜记载可以互证。从这件事情看来，清太宗对烟草采用民间自种、严禁走私进口的政策是正确的，在那个时代能够有这样的措施是件很了不起的事。

由于开放了禁令，东北有很多地方种了烟，《盛京通志·物产》《皇朝通志·昆虫草木略》都说："陇旁隙地多种之，叶肥大至径尺，食之御寒。"《热河志》说："陇旁隙地，多种烟草，肥大至径尺，其近顶处数尺曰盖露。"这就是有名的关东烟叶，当时人以为味胜建烟。西北如陕北，《延绥镇志》："烟草其苗掀生如葵，叶光泽，形如红蓼，不相对，高数尺，三伏中开花，色黄，八月采，阴干，用酒洗切成丝。而各省之有名者：崇德烟、黄县烟、曲沃烟、美原烟，惟日本之倭丝为佳。"《百草镜说》："烟一名相思草，烟品之多，至今极盛。在内地则福建漳州有石马烟，浙常山有面烟，江西有射洪烟，山东有济宁烟，近日粤东有潮烟。"俞正燮《癸巳存稿·吃烟事述》提到兰州有水烟。并说当时有些人见人不吃烟，笑话他是明朝人，其实根据史料，明末人是吃烟的。

清朝康熙帝也是反对抽烟的。俞正燮引："康熙到德州，传旨：朕生平不好酒，亦能饮一斤，止是不用。最可恶是用烟，诸臣在围场中终日侍，朕曾用烟否？每见诸臣私在巡抚帐房中吃烟，真可厌恶。况烟为最耗气之物，不惟朕不用，列圣俱不用也。"清宫制度，不禁烟，也不把烟列入茶酒一类，作为待客的物品，由此可见，康熙帝之反对吃烟，是从卫生观点出发，和清太宗的禁烟从经济观点出发，是有所不同的。

烟草作为药用材料，朝鲜很注意，张璐《本经逢原》说："烟草之火，方书不录，惟朝鲜志见之。始自闽人吸以祛瘴，而后北方借以避寒，今则遍行寰宇。"有人卷烟叶塞笔管中，可使笔不蛀。《醒世奇观》以为烟油杀蛇，以注蚂蟥，立僵。

清人入关后，如上所说，多尔衮酷嗜烟草，其他贵族大臣也有吃烟的习惯，渐渐地吃烟成为社会风气了，甚至妇女也抽上了。董潮《东皋杂钞》卷二："烟草本夷种，嗜之者始于明季。近日士大夫习以为常，大廷广众中以此为待客之具，至闺阁亦然。"

以上说的都指的是抽旱烟水烟。至于纸烟，那是较后的事了，也希望有人能把纸烟的历史谈一谈。

我想，谈一点对我们日常生活有关的一些事情，了解它的发生和发展，以至对人民生活、国家经济的影响，也不是不值得的。

历史上的国民身份证

古人也有身份证

一

今天在各地所施行的国民身份证制度，尽管立法的人是自以为学的"先进"国家的衣钵，其实，仔细研究一下，形式虽欧化，骨子里的精髓，却道道地地是东方的，这有其历史上的根源，我的意思是说，这一套办法确是两千年来的统治术的复活，旧内容、新形式。

我愿意以历史学者的立场，对这问题加以历史的探索。

从历史上来考研身份证制度，这东西古代叫作传，唐代叫作过所，宋代称为公凭，明代则名为路引。凡外国人入境，本国人从甲地到乙地，都必须随身携带，证明他的身份职业、行李多少和旅行目的，尤其是年龄。在征兵制度下，合于兵役年龄的壮丁，是不许可无故离开所属的兵役区的，没有身份证的，不是罪犯，便是逃兵，关津不许通过。君权的支柱之一是军队，身份证是保障兵源的重要措施。君权的永固必须铲除异己的力量，无论是思想上或行动上的反对者，身份证恰恰保证了这一点。明代军民分开，路引制度的重点就特重在防闲人民，把人民圈禁在土地上，使之不能动弹。

二

王国维《简牍检署考》："传信有二种，一为出入关门之传，郑氏《周礼注》所谓若今过所文书是也。"《周礼·地官·司徒》郑注："传如今过所文书，当载人年几及物多少，至关至门，皆别写一通入关家门家，乃案勘而过，其内出者义亦然。"崔豹《古今注》记传之形制说："凡传皆以木为之，长五寸，书符信于上，又以一板封之，皆封以御史印章，所以为信也，如今之过所也。"《汉书·文帝纪》："十二年（前168）三月除关无用传。"注："张晏曰：传，信也，若今过所也。如淳曰：两行书帛，分持其一，出入关合之乃得过，谓之传也。李奇曰：传，棨也。师古曰：张说是也。古者或用棨，或用缯帛，棨者刻木为合符也。"由此知古代之传，即后代之过所，传有两种，一种用木，一种用帛，都有正副两份。

汉代的传，或用或废，前后不一，文帝十二年废传，景帝时复置，武帝初年又废，《汉书·窦婴传》说："文帝时除关无用传，景帝四年（前153）以七国反复置。武帝时窦婴为丞相，复除之。"[①]婴死后，又恢复了。《终军传》说："年十八选为博士弟

---

① 《汉书·窦婴传》无此句，依《吴晗全集》原文，未作修改。编者注。

子……从济南当诣博士，步入关，关吏予军繻，军问：以此何为？吏曰：为复传，还当以合符。军曰：大丈夫西游，终不复传还。弃繻而去。军为谒者，使行郡国，建节东出关，关吏识之曰：此使者乃前弃繻生也。"窦婴以汉武帝建元元年（前140）为丞相，元光四年（前140至前131）死，除传当是这十年内的事。终军年十八为博士弟子，元朔五年（前124）六月置博士弟子五十八。死时年二十余，故世谓之终童。军入关至长安上书言事，拜为谒者给事中，从上幸雍，祠五畤，获白麟一角而五蹄，由是改元为元狩（前122）。军入关时已复用传，知复传当在元朔五年以前。《汉书》注："张晏曰：繻音须，繻，符也。书帛裂而分之，若券契矣。苏林曰：绢，帛边也。旧关出入皆以传，传烦，因裂繻头，合以为符信也。"复传，师古注曰："复，返也，谓返出关，更以为传。"由此知汉武帝复传以后，传的形制渐趋简单化，过关才用，管传的便是关吏。又知平民出入关用传，朝廷使者仗节出入，便用不着了。这制度似乎到东汉还因仍旧贯，《后汉书·郭丹传》说："后从师长安，买符入函谷关。乃慨然叹曰：'丹不乘使者车，终不出关。'"注："符即繻也，买符非真符也。《东观纪》曰：丹从宛人陈洮买入关符，既入关，封符乞人也。"和终军的故事一样，所不同的是终军是地方保送到长安受学的博士弟子，有官方的证明文件，关吏无条件予繻。郭丹则是以私人身份入关，而入关是要证明的，得想法从宛人陈洮买繻。从"买"字说，必定得付一笔钱，也是可想而知的。

隋代叫传作公验，《隋书·高祖纪》："开皇十八年（598）九月庚寅，敕客舍无公验者，坐及刺史、县令。"

唐代叫作过所，定制最为详密。《旧唐书·职官志》："尚书刑部司门郎中、员外郎（各一人）之职，掌天下诸门及关出入往来之籍赋，而审其政。……关所以限中外，隔华夷，设险作固，闲邪正禁者也。凡关呵而不征。……凡度关者，先经本部本司请过所，在京则省给之，在外则州给之，而虽非所部，有来文者，所在亦给（出塞逾月者给行牒，猎手所过给长籍，三月一易）。"①地方则有户曹司户参军，专掌户籍计账，道路过所。关有关令，凡行人车马出入往来，必据过所以勘之。《唐律疏议·卫禁》："诸私度关者徒一年，越度者（不由门为越）加一等。疏议曰：水陆等关，两处各有关禁。行人来往，皆有公文，谓驿使验符券，传送据递牒，军防丁夫有总历，自余各请过所而度。若无公文私从关门过，合徒一年。越度者谓关不由门，津不由济而度者，徒一年半。诸不应度关而给过所（取而度者亦同），若冒名请过所而度者，各徒一年。疏义曰：不应度关者，谓有征役番期及罪谴之类，皆不合辄给过所，而官司辄给，及身不合度关而取过所度者，若冒他人名请过所而度者，徒一年。"过所必须本人执用，如家人相冒，杖八十。主司及关司知情，各与同罪。甚至家畜出入亦需请过所。诸关津度人，无故留难者，一日主司笞四十，一日加一等，罪止杖一百。若军务急速而留难不度，致稽废者，自从所稽废重论。诸私度有他罪重者，主司知情，以重者论。疏议曰：或有避死罪逃亡，别犯徒以上罪，是各有他罪重，关司知情者，以故纵罪论，各得所度人重罪。到宝应元年（762）因军务关系，又令骆

①　《新唐书》卷三十四。

谷、金牛、子午等路，往来行客所将随身器仗，今日以后，除郎官御史诸州都统进奉等官，任将器械随身，自余私客等，皆须过所上具所将器械色目，然后放过。如过所上不具所将器械色目数者，一切于守捉处勒留。①

唐过所形制，据日本《三善清行智证大师传》所录圆城寺所藏圆珍过所，依原来的款式，移录如下：

越州都督府

日本国内供奉 敕赐紫衣僧圆珍年四十三行者丁满年五十驴两头并随身经书衣钵等

上都已来路次检案内人二驴两头并经书衣钵等

得状称仁寿三年七月十六日离本国大中七年九月十四日到

唐国福州至八年九月二十日到越州开元寺听习今欲

略往两京及五台山等巡礼求法却来此听读恐

所在州县镇铺关津堰寺不练行由伏乞给往

还过所勘得开元寺三纲僧长泰等状同事须给过所者准给者此已给讫幸依勘过

大中九年三月十九日 给

府

功曹参军　　史

丞

潼关六月十五勘入

仁寿是日本文德天皇年号，仁寿三年当唐宣宗大中七年，公

_____

① 《唐会要·关市》

元853年。

唐末扰乱，政府统治力量一天比一天弱，过所制度也自然而然地破坏了。梁开平三年（909）政府想重新整顿，加强控制，特派宰相专管，《五代会要·司门》："十月敕，过所先是司门郎中员外郎出给，今寇盗未平，恐漏奸诈，宜令宰臣赵光逢专判。凡出给过所，先具状经中书点检判下，即本司郎中据状出给。"到后汉乾祐元年（948）又敕："左司员外郎卢振奏，请应有经过关津州府诸色人等，并须于司门请给公验，令所在辨认，方可放过，宜依所陈，颁示天下。"据《旧五代史·杨邠传》："邠既专国政……自京师至诸州府，行人往来，并须给公凭。所由司求请公凭者，朝夕填咽，旬日之间，民情大扰，行路拥塞，邠乃止其事。"公凭《新五代史》作过所。乾祐上距开平，不过四十年，乾祐的办不通，那么，开平的怕也是纸面文章吧。宋代继承杨邠的办法，也叫公凭。使用的人似乎以商旅为最多，李焘《续资治通鉴长编》一〇六："天圣六年（1028）九月癸丑，益州钤辖刘承颜言：商旅入川无公凭者，多由葭萌私路往，请如剑门置关，仍令逐处给公凭，至者察验之，谓从其请。"便是一例。

从汉唐两代的制度推测，据《唐律》，有征役番期及罪谴之人，皆不合给过所，可以知道过所的主要作用，是防止军士或后备军的逃亡，附带的才是罪人或逃犯的度越。汉行征兵制，唐行府兵制，传或过所必须载明身份、年龄、籍贯，为的是防止合龄壮丁军伍的逃匿，是保障兵源的重要手段。汉末征兵制度破坏，代以募兵，唐后期藩镇割据，朝廷和藩镇都以募兵作战，由此，也可以了解从汉末到魏晋南北朝这一段和唐末到元这一时期，关于身份证制度记载不详的原因了。

三

公凭在明代叫作路引，军民往来，必凭路引，违者关津擒拿，按律治罪。

假如汉唐的传和过所，目的是偏重在保障兵源的话，那么，明代的路引，用意是偏重在钳制、束缚、管辖和镇压人民。

要明白明代路引制度的作用，最好用创立这制度的人自己的话来说明。明太祖在洪武十九年（1386）颁行的《御制大诰续编》里几次提到路引。他要四民各安其业，特别指出要互知丁业，也就是互相监视，训词说："先王之教，其业有四，曰：士农工商。昔民从教，专守四业，人民大安。异四业而外乎其事，未有不堕刑宪者也。朕本无才，曰先王之教，与民约告，诰出，凡民邻里，互相知丁，互知务业，俱在里甲。县府州务必周知，市村绝不许有逸夫。若或异四业而从释道者，户下除名。凡有夫丁，除公占外，余皆四业，必然有效。若或不遵朕教，或顽民丁多，及单丁不务生理，捏巧于公私，以构患民之祸，许邻里亲戚诸人等，拘拿赴京，以凭罪责。若一里之间，百户之内，见诰仍有逸夫，里甲坐视，邻里亲戚不拿其逸夫者，或于公门中，或在市间里，有犯非为，捕获到官，逸夫处死，里甲四邻，化外之迁，的不虚示！"人人都安于四业，才好统治。

所谓逸夫，是不务四业之人，专会煽惑鼓动，不说"明王出世"，就喊"弥勒降生"，像元末传播革命的彭莹玉、韩山童、郭子兴和他自己，都是好例子。要清除这类危险分子，必须知丁，如何知丁？"知丁之法，某民丁几，受农业者几，受士业者几，受工业者几，受商业者几。"也就是调查户口，这一项他已经花了十几年工夫，调查停当，作了户帖（户口卡片）和黄册（户口调查清册），并且把户口编成里甲，十户为甲，十甲为里。甲有甲长，里有里长，头头是道了。问题是如何才能保证每一丁都是安分良民呢？一个方法是互相监视，"且欲士者志于士，进学之时，师友某氏，习有所在，非社学则入县学，非县必州府之学，此其所以知士丁之所在。已成之士为未成士之师，邻里必知生徒之所在，庶几出入可验，无异为也。"学生是有学籍的，先生有人看着，也不会有异为。至于农民，"农业者不出一里之间，朝出暮入，作忌之道互知焉。"大家都彼此知道的，可以放心。这两类人假如要出门，离家百里之外，就必得有路引来证明身份。至于工人和商人，流动性较大，"专工之业，远行则引明所在，用工州里，往必知方，巨细作为，邻里探知。巨者归迟，微者归疾，出入有不难见也。商本有巨微，货有重轻，所趋远迩水陆，明于引间，归期艰限其业，邻里务必周知。若或经年无信，二载不归，邻里当觉之询故，本户若或托商在外非为，邻里勿干"。工商人外出，引上是载明远近和水陆路程的，邻里有责任调查明白，过期要向官府报告，才脱得了干系。为什么要这样做呢？是怕"使民恣肆冗杂，构非成祸，身堕刑宪，将不得其死者多矣"。一句话，复杂得很，危险得很。接着他又提出辨验丁引的诰词："此诰一出，自京为始，遍布天下，一切臣民，朝出暮入，务必从容验丁。市村人民舍客之际，辨人生理，验人引目相符而无异。然犹恐托业为名，暗有他为，虽然业兴引合，又识重轻巨微贵贱，倘有轻重不伦，所赍微细，必假此而他故也。良民察焉。"验商引物："今后无物引老者（引老是引已过期者），虽引未老，无物可鬻，终日支吾者，坊厢村店拿捉赴官，治以游食，重则杀身，轻则黥审化外。设若见此不拿，为他人所获，所安（住）之处，本家邻里罪如上。"凡是良民，都要自动辨验生人的引目，要注意引和人相符、和货相符，如有问题，要立刻擒拿赴官，否则，要处连坐之罪。这样一来，就构成了一个全体四民的天罗地网，人人都是侦察调查的对象，"逸夫"就无所逃于天地之间，皇基也就永固了。

根据这原则制定的法律，《弘治会典》一一三："凡军民人等往来，但出百里者，即验文引。凡军民无文引，及内官内使来历不明，有藏匿寺观者，必须擒拿送官，仍许诸人首告。得实者赏，纵容者同罪。"又"凡天下要冲去处，设立巡检司，专一盘诘往来奸细，及贩卖私盐，犯人逃军逃囚，无引面生可疑之人，须要常加捉督。"《明律·兵律》："凡无文引私度关津者，杖八十。关不由门，津不由渡而越度者，杖九十。若越度缘边关塞者，杖一百，徒三年，因而出外境者绞。若军民出百里之外不给引者，军以逃军论，民以私度关津论。"法意和《唐律》相同，但把军民的活动范围，限于百里之内，也就是把人民的生活圈禁在生长的土地上，法律造成了无形的百里宽广的监狱，则又比汉唐严酷得多了。

这制度就许多史料看来，在明代是被严格执行着的。如《大诰续编》第二十二《粮长瞿仲亮害民》："上海县粮长瞿仲亮拘收纳户各人路引，刁蹬不放回家。"由这例子，可见纳粮户没有路引，是不能回家的。如《明太祖实录》八十三："洪武六年

（1373）六月癸卯，常州府吕城巡检司盘获民无路引者，送法司论罪。问之，其人以祖母病笃，远出求医，急，故无验。上闻之曰：此人情可矜，勿罪释之。"这一例子又说明了请引要用相当时间。如祝允明《前闻记》："洪武中，朝旨开燕脂河，大起工役，先曾祖焕文与焉。时役者多死，先曾祖独生全。工满将辞归，偶失去路引，分该死。"则替政府服役也要路引，失路引且有死罪。《明英宗实录》四十四："正统三年（1438）七月甲申，湖广襄阳府宜城县知县廖仕奏：诸处商贾给引来县生理，因见地广，遂留恋不归，甚至娶妻生子，结党为非，宜加禁防。事下行在户部，以为宜督责归家，其有愿占籍于所寓以供租赋者，听从之。"陆楫《蒹葭堂杂著》："宗人有欲商贾四方以自给者，听从有司关给路引以行，回籍之日，付本府长史司验引发落，有司附册填注，以凭抚案刷卷类查。"前一例是普通商贾，后一例则是皇家商人了。陆容《菽园杂记》十："成化末年（1478）京师多盗，兵部尚书余公议欲大索京城内外居民，乃差科道部属等官五十员，分投街巷，望门审验。时有未更事者，凡遇寄居无引者悉以为盗，送系兵马司。"大索即大检查户口，也可译为户口普查。寄居无引者都被捕送官，则可见在原则上，当时的外籍侨寓人也必须有引了。朱国桢《涌幢小品》卷二十《万里寻亲记》："万历乙亥（1575）云南大理府太和县人赵重华请路邮于郡太守以出，从丹阳过毗陵，被盗攫其资去，所遗者独胸囊路邮耳。"又卷十二："陈淡，江都人，尝按云南，遣人诣其家，文书匣检阅，有江西贩客路引。"张居正《张文忠公集·书牍十二·答台长陈楚石》："巡检官职虽卑，关系甚重，此官若得其职，则诘盗查奸，功居地方有司之半，非浅鲜也。况近奉旨清查路引，严关隘，则此官尤当加意者，亟宜题请修复。"从这三个例子看来，一直到十六世纪后期，路引制度还是明朝政府所奉行的控制人民的统治术，张居正做宰相，甚至还着实地整顿了一下。

明代的引也像汉代一样，是要付钱买的，《大诰》第二十一《勾取逃军》："兵部勾取逃军，其布政司府州县贪图贿赂，不将正犯解官，往往拿解同姓名者……父母妻子悲啼送礼……有司刁蹬，不与引行。既而买引，沿途追赶。"得引不容易，管引的官也有拿卖引生利的，《大诰续编》第三十八《匿奸卖引》："南城兵马指挥赵兴胜，警巡坊厢，路引之弊赃多，凡出军民引一张，重者（钞）一锭，中者四贯，下者三贯，并无一贯两贯引一张者。其引纸皆系给引之人自备。兴胜却乃具文关支，三年间一十五万有奇，已往七年不追，止追十八年半年纸札，其钞已盈万计。"

因为有引便可保证行旅的安全，关津的查诘，因之就发生空引（空白路引）的问题，不能不用严刑取缔。《大诰三编》第五《空引偷军》："所在官民，凡有赴京者，往往水陆赴京，人皆身藏空引，及其至京，临归也，非盗逃军而回，即引逃囚而去。此弊甚有年矣。今后所在有司，敢有出空引者、受者皆枭，令籍没其家。关津隘口及京城各门盘获空引者赏钞十锭，赍引者罪如前，拿有司同罪。"

唯一例外，不需路引的是到京都去告密的地主豪绅，《大诰》第四十六《文引》："凡布政司府州县耆民人等赴京而奏事务者，虽无文引，同行人众，或三五十名，或百十名，至于三五百名，所在关津把隘关去处，问知而奏，即时放行，毋得阻当。阻者，论如邀截实封律。"除了大量的军队镇压，除了层层的官僚统治，除了大规模的屠杀，除了锦衣卫和东、西厂的特务恐怖，明代还应用自古以来从传到过所这一套制度，把它发展，严密地组织。以人民为假想敌，强迫人民互知（互相侦察）举发，没有一丝漏洞，构成了窒杀人民、囚禁人民的天罗地网，来维持朱家万世一系专制、独裁、昏淫、残暴的统治，这就是明代的路引制度。

有了这一套，洪武十五年（1382）明太祖安心地叫户部榜谕两浙江西之民说："为吾民者当知其分。田赋力役出以供上者，乃其分也。能分其分，则保父母妻子，家昌身裕，为仁孝忠义之民，刑罚何由及哉！近来两浙江西之民，多好争讼，不遵法度，有田而不输租，有丁而不应役，累其身以及有司，其愚亦甚矣！曷不观中原之民，奉法守分，不妄兴词讼，不代人陈诉，惟知应役输租，无负官府，是以上下相安，风俗淳美，共享太平之福，以此较彼，善恶昭然。今将谕尔等，宜速改过迁善，为吾良民，苟或不悛，则不但国法不容，天道亦不容矣。"人民出粮出丁是本分，不出，不但国法不容，连天道也不容。至于为什么要出粮出丁，出了能得什么好处，不但明太祖和他的子孙没有说过，连想也从来没有想到过。

度牒

宋朝和尚身份能"免罪",当和尚需要花重金

　　《水浒传》第四回写鲁达三拳打死了镇关西以后,从渭州(今甘肃平凉)逃到代州雁门县(今山西雁门),因为官府画影图形,到处张贴榜文,缉捕得急,只好在五台山出家当了和尚,起个法名叫鲁智深。从此,寺院里多了一个和尚,俗世却少一个犯罪逃亡的军官,打死镇关西这一案子由于无处追查,便此了结。

　　在鲁达出家之前,赵员外对他说:"已买下一道五花度牒在此。"照常理说,度牒是出家人的身份证,应该由替他剃度的寺院填给,怎么鲁达在没有出家之前,赵员外的家里就买了一道度牒呢?而且度牒既是出家人的身份证,又怎么可以买卖呢?卖主又是谁呢?

　　原来在宋朝,度牒是可以买卖的,卖主是宋朝中央政府。1067年宋朝政府开始出卖度牒,一直卖到宋亡。在这两百年中,卖度牒所得的钱在政府收入中占有重要地位。一道度牒的价格因时因地不等,如宋神宗时官价每道卖钱一百三十千,但在夔州路

则卖到三百千，广西路则卖到六百五十千。[①]当时中原一带米价每斗不过七八十文至一百文。[②]每道度牒折合米约在一百三四十石以上。南宋时每道度牒卖钱一百二十贯至八百贯或折米一百五十石至三百石。[③]

度牒这样贵，什么人才能买得起？当然只有财主赵员外那样的人了。买了度牒，只能出家当和尚、当道士，有什么好处？花这么多钱出家，说明当时的老百姓，以至部分地主，不如当和尚、道士好。

老百姓不必说了，宋代人民负担特别重。和尚、道士吃十方，寺院有田产，当了和尚、道士就不必服兵役、劳役，不出身丁钱米和其他苛捐杂税，逃避了政府的剥削，吃一碗现成饭，成为不劳而食的合法的游民。

地主呢？虽然对农民来说，他是剥削者，很神气。但在地主阶级内部来说，也有矛盾。因为地主也有官民之分，本是地主而又做了官的就有权有势，是官户。至于非官户的地主，为了保全身家财产，得想尽一切办法变成官户，要子弟读书中进士做官，如不行，也得出钱买官告，成为名义上的官户，当时官告也可以用钱买，但比度牒更贵。再不，就买张度牒也好。因为寺院田产是可以免租赋的。[④]

此外，还有许多好处，如和尚、道士在法律上受优待，宋代

---

① 《宋会要稿》卷六七、一四〇。
② 《续资治通鉴长编》卷二五一、二五二；《宋会要稿》卷一二二。
③ 《宋会要稿》卷六二、九六；（宋）朱熹：《朱文公文集》卷一六。
④ （清）赵翼：《廿二史札记》卷一九；（清）俞正燮：《癸巳类稿》卷一三。

法律："僧尼道士女冠，文武官七品以下者，有罪许减赎。"[1]

如果犯了杀人大罪，出家更是逃避法律制裁的有效手段。古时候还不会照相，一般人都留长头发，缉拿榜文上只能说这人脸黄脸黑，有须无须，像鲁达那样的军官，剃了头发、胡子，改穿袈裟，离开了本乡本土，外地生人便很难辨认出来了。又如同书武松在鸳鸯楼杀了十五条人命，在十字坡菜园子张青家得了一张年龄相貌相当的度牒，便剪了头发，披在脸上遮盖刺的金印，装作行者模样，一路上二龙山去落草。虽然到处张挂榜文要逮捕他，可是"武松已自做了行者，于路却没人盘诘他"。可见有了度牒，就可以化装，使人辨认不出，对杀人犯罪来说是很顶事的。

正因为如此，度牒有广大的销路，宋朝政府就大卖度牒，成为生财之道。政府不但出卖，有时候还要强迫摊派呢。

北宋的度牒是雕版用黄纸印的。到南宋建炎三年（1129）才改用绫绢织造，织造的机关是少府监文思院，和织造官告同一个地方。《水浒传》所说的五花度牒，实际上是南宋的事。

从买度牒这一件事来说，《水浒传》是真实地反映了宋代的历史事实和阶级矛盾的。

---

[1] （宋）李焘：《续资治通鉴长编》卷九七。

刺配

宋朝刑罚有多重？杖打、流放、刺字三种连用

　　《水浒传》里梁山泊头领宋江、林冲、武松等都被宋朝政府处过刺配的刑罚，挨脊杖二十或四十，刺配二三千里外牢城。连原来押解林冲去沧州的差人董超、薛霸，因为路上没有能够害死林冲，回开封后也被高俅寻事刺配大名府。《水浒传》第八回说："原来宋时，但是犯人徒流迁徙的，都脸上刺字。怕人恨怪，只唤做打金印。"一个人犯了法（或被诬陷以法），既要挨打，又要流配，还要在脸上刺字，正是"一人之身，一事之犯，而兼受三刑"①。三种刑罚连在一起用，在宋以前是没有的。

　　古时刑法大致分为死、流、徒、杖、笞五等。马端临《文献通考》卷一百六十八说："流配，旧制止于远徙，不刺面。晋天福中始创刺面之法，遂为戢奸重典。宋因其法。"原来宋代把犯人脸上刺字这种法律是从石敬瑭的晋朝继承而来的。

---

① （明）丘濬：《大学衍义补》。

刺面有大刺、小刺之别。凡是审判官认为犯罪情节严重、犯人"性情凶恶"的，就把字体特别刺大些。所刺文字，除《水浒》所说"迭配某州（府）牢城"以外，也有把所犯事由，所配地名、军名、服役名色都刺在脸上的。如刺"配某州（府）屯驻军重役"，是发往该处屯驻部队里服劳役的；刺"龙骑指挥"或"龙猛指挥"，是发到那种番号的军队中当兵的；刺"某州某县钱监"，是发到该处铸钱工厂里当苦工的。南宋时还有一种更野蛮的规定，凡犯强盗罪免死流配的，"额上刺强盗二字，余字分刺两脸"[①]。

受到刺配刑罚的人，到配所后还得服劳役。劳役的名色很多。凡是官营工业（如煮盐，造酒、醋，烧窑，开矿，修造军械等）、交通运输业以及修城修河堤等，都发配人去做苦工。也有当厢军（主要也是劳役）、当水军的（宋朝的兵都由招募而来，经检验合格后，也要刺面）。所以宋江、武松、杨志都被人骂为"贼配军"。

刺配这条法律，在宋朝统治的三百年间是时代愈后愈重的。有关刺配的法令，宋真宗大中祥符（1008—1016）编敕止有四十六条，到宋仁宗庆历（1041—1048）时增至一百七十余条，到南宋孝宗淳熙十一年（1184）已达五百七十条之多。刺配的范围越来越广，除了像宋江、武松那样犯人要刺配以外，法律规定犯窃盗罪一贯以上、贩私盐一斤以上的都要杖脊刺配。佃户在地主池塘里捕了一斤半鱼，或者看见别人贩私盐不告发，也要脊杖刺面，还从福建押送开封判罪[②]。反之，法律又规定地主对佃户犯罪，减凡人一等。地主打死佃户，不刺面，止配邻州近地。

---

① 《宋会要》卷一六八，《刑法四》。
② 《文献通考》卷一六八。

刺配的法律，辽、金、元、明、清都有，只是内容规定不尽相同。[1]

宋朝这条脊杖、刺面的法律，从宋神宗熙宁二年（1069）以后，对"命官"就不适用了。"命官"贪赃枉法，止于流配，不杖脊，不刺面。据说理由是"古者刑不上大夫"，"今刑为徒隶，恐污辱衣冠耳"[2]。这样，适用的范围就只限于污辱和镇压人民，特别是冒犯地主阶级利益的佃农和饥寒交迫的穷人了。

---

[1] 《续文献通考》卷一三五、一三七；《清朝续文献通考》卷二四四。

[2] 《文献通考》卷一六七。